JN107033

改訂版

携帯用 **確認の手引き**

駐車監視員能力向上委員会 著

東京法令出版

序　　文

　いうまでもなく駐車監視員制度は、駐車違反取締り体制の本来的な強化を目的とするものであり、本制度が実効を上げるか否かについては、駐車監視員が正しい実務・運用の知識を身につけるか否かによるのである。

　読者はこのことを常に念頭に置きながら、放置駐車違反確認に当たっては、本書を十分に活用し、確認事務の知識を正しく身につけ、駐車監視員としてその力を遺憾なく発揮してもらいたい。

　平成30年7月

　　　　　　　　駐車監視員能力向上委員会

目　次

第8章　高齢運転者等専用場所等での違反

凡　例

本書図中で使用する標識等の意は、次のとおりです。

⊗ ‥‥‥ 駐停車禁止

🚫 ‥‥‥ 駐車禁止

標章車 ‥‥‥ 高齢運転者等標章自動車

標章車以外 ‥‥‥ 高齢運転者等標章自動車以外

法 ‥‥‥ 道路交通法（昭和35年法律第105号）

第1章

基　　本

■1 違反確認のポイント

1 　違法駐車車両であることの確認
　① 　指定違反の場合
　　・道路標識・道路標示の確認
　　・駐車禁止除外指定車等でないことの確認
　② 　法定違反の場合
　　　法定違反の種別ごとの目標からの距離を実
　測し、違反が成立するか否かを確認
2 　運転者が車両を離れており、直ちに運転す
　ることができない状態にあることの確認
3 　ナンバープレートの番号
4 　違反場所
5 　違反車両・違反態様

■2 規制標識がない場合の駐車位置の特定

　規制標識（ない場合は固定物）からの距離を
記載する。

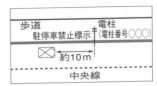

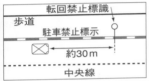

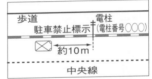

3 放置車両とは

「放置車両」とは、「違法駐車と認められる場合における車両であって、運転者がその車両を離れて直ちに運転することができない状態にあるもの」をいいます。

ただし、「放置車両」となる車両は、車両のすべてではなく、車両のうち自動車、原動機付自

転車、重被牽引車（軽車両の一部）の３種類です。逆にいうと、車両のうち重被牽引車以外の軽車両（自転車など）及びトロリーバスは放置車両とはなりません（なお、これらの車両でも駐車違反の対象にはなります。）。

1 「違法駐車と認められる場合における車両」とは

　　駐停車禁止場所又は駐車禁止場所における駐車や駐車方法に従わない駐車など、駐車のルールが守られていないと認められる車両をいいます。

2 「運転者がその車両を離れて直ちに運転することができない状態」とは

　　運転者が運転席又はすぐその傍らにいて、いつでも発進できる状態でないことをいいます。

　　何分間停止していたかという停止時間の長短、離れた距離の遠近、エンジンを止めているか否か、ハザードランプを点けているか否かは問いません。

4　放置車両にかかる違反態様の携帯端末入力フローチャート

■　放置駐車違反（駐停車禁止場所等（高齢運転者等専用場所等以外））（1）

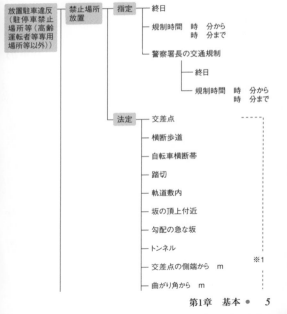

放置駐車違反（駐停車禁止場所等（高齢運転者等専用場所等以外））──禁止場所放置──指定──終日

──規制時間　時　分から　時　分まで

──警察署長の交通規制

　　　　──終日

　　　　──規制時間　時　分から　時　分まで

──法定──交差点

──横断歩道

──自転車横断帯

──踏切

──軌道敷内

──坂の頂上付近

──勾配の急な坂

──トンネル

──交差点の側端から　m　※1

──曲がり角から　m

■ 放置駐車違反（駐停車禁止場所等（高齢運転者等専用場所等以外））（2）

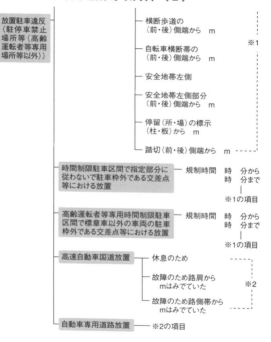

放置駐車違反（駐停車禁止場所等（高齢運転者等専用場所等以外）））

- 横断歩道の（前・後）側端から　m ……※1
- 自転車横断帯の（前・後）側端から　m
- 安全地帯左側
- 安全地帯左側部分（前・後）側端から　m
- 停留（所・場）の標示（柱・板）から　m
- 踏切（前・後）側端から　m

時間制限駐車区間で指定部分に従わないで駐車枠外である交差点等における放置 — 規制時間　時　分から　時　分まで
ー
※1の項目

高齢運転者等専用時間制限駐車区間で標章車以外の車両の駐車枠外である交差点等における放置 — 規制時間　時　分から　時　分まで
ー
※1の項目

高速自動車国道放置
- 休息のため ……※2
- 故障のため路肩から　mはみでていた
- 故障のため路側帯から　mはみでていた

自動車専用道路放置 ── ※2の項目

■ 放置駐車違反（駐車禁止場所等（高齢運転者等専用場所等以外））（１）

```
放置駐車違反          禁止場所    指定    終日
（駐車禁止場所        放置
等（高齢運転者                           規制時間   時　分から
等専用場所等以                                      時　分まで
外））
                                         警察署長の交通規制

                                                 終日

                                                 規制時間   時　分から
                                                            時　分まで

                             法定    路外施設
                                     人の乗降場所出入口から　m

                                     路外施設
                                     貨物の積卸し場所出入口
                                     から　m

                                     路外施設
                                     駐車場所出入口から　m

                                     路外施設
                                     自動車の格納場所出入口
                                     から　m

                                     路外施設
                                     自動車の修理場所出入口
                                     から　m

                                     工事区域の側端から　m

                                     消防器具置場側端から　m

                                     消防器具置場出入口から　m

                                     消防用水槽側端から　m

                                     消防用水槽出入口から　m

                                     消火栓から　m

                                     指定消防水利の標識から　m

                                     消防用水槽吸水口から　m

                                     消防用水槽吸管投入孔から　m

                                     火災報知機から　m
```

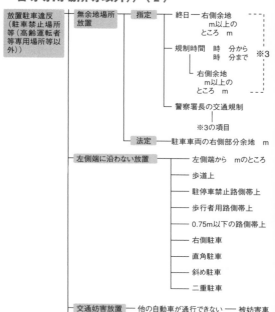

放置駐車違反（駐車禁止場所等（高齢運転者等専用場所等以外））

- 無余地場所放置
  - 指定
    - 終日 ─ 右側余地 m以上のところ m
    - 規制時間 時 分から 時 分まで ※3
      - 右側余地 m以上のところ m
    - 警察署長の交通規制
      - ※3の項目
  - 法定 ─ 駐車車両の右側部分余地 m
- 左側端に沿わない放置
  - 左側端から mのところ
  - 歩道上
  - 駐停車禁止路側帯上
  - 歩行者用路側帯上
  - 0.75m以下の路側帯上
  - 右側駐車
  - 直角駐車
  - 斜め駐車
  - 二重駐車
- 交通妨害放置 ─ 他の自動車が通行できない ─ 被妨害車

■ 放置駐車違反（駐車禁止場所等（高齢運転者等専用場所等以外））（3）

放置駐車違反（駐車禁止場所等（高齢運転者等専用場所等以外））

- 路側帯設置場所で法定方法に従わない放置
  - 路側帯に入らない
  - 路側帯標示に平行しない
  - 左側に0.75mの余地がない
  - 左側に0.75mを超える余地がとれるときに路側帯の右側端に沿わない
  - 路側帯の左側端に沿わない

- 路側帯設置場所で交通妨害放置
  - 歩行者が通行できない

- 指定方法に従わない放置
  - 平行と指定のところ　平行駐車しない
  - 直角と指定のところ　直角駐車しない　※4
  - 斜角と指定のところ　斜角駐車しない
  - 警察署長の交通規制 ── ※4の項目

- 時間制限駐車区間で指定部分に従わない放置
  - 規制時間　時　分から　時　分まで
  - 駐車枠内と指定のところ　駐車枠内駐車しない

- 時間制限駐車区間で指定方法に従わない放置
  - 規制時間　時　分から　時　分まで
  - ※4の項目

- 高齢運転者等専用時間制限駐車区間で標章車以外の車両の駐車枠外における放置
  - 規制時間　時　分から　時　分まで

■ 駐停車違反（駐車禁止場所等（高齢運転者等専用場所等以外））

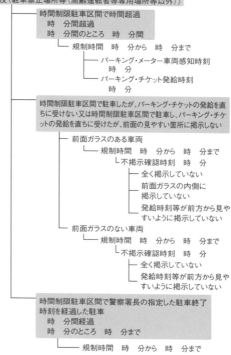

駐停車違反（駐車禁止場所等（高齢運転者等専用場所等以外））

- 時間制限駐車区間で時間超過
  時　分間超過
  時　分間のところ　時　分間
  - 規制時間　時　分から　時　分まで
    - パーキング・メーター車両感知時刻
      時　分
    - パーキング・チケット発給時刻
      時　分

- 時間制限駐車区間で駐車したが、パーキング・チケットの発給を直ちに受けない又は時間制限駐車区間で駐車し、パーキング・チケットの発給を直ちに受けたが、前面の見やすい箇所に掲示しない
  - 前面ガラスのある車両
    - 規制時間　時　分から　時　分まで
      └ 不掲示確認時刻　時　分
        - 全く掲示していない
        - 前面ガラスの内側に掲示していない
        - 発給時刻等が前方から見やすいように掲示していない
  - 前面ガラスのない車両
    - 規制時間　時　分から　時　分まで
      └ 不掲示確認時刻　時　分
        - 全く掲示していない
        - 発給時刻等が前方から見やすいように掲示していない

- 時間制限駐車区間で警察署長の指定した駐車終了時刻を経過した駐車
  時　分間経過
  時　分のところ　時　分まで
  - 規制時間　時　分から　時　分まで

■ 放置駐車違反（駐停車禁止場所等（高齢運転者等専用場所等））（1）

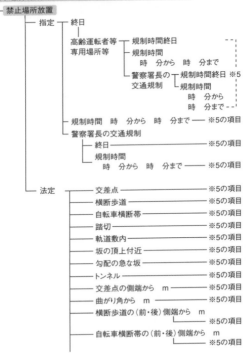

放置駐車違反（駐停車禁止場所等（高齢運転者等専用場所等））

```
禁止場所放置
├─ 指定 ── 終日
│        ├─ 高齢運転者等 ── 規制時間終日
│        │  専用場所等   ├─ 規制時間
│        │             │    時　分から　時　分まで
│        │             └─ 警察署長の ── 規制時間終日　　※5
│        │                交通規制   └─ 規制時間
│        │                             時　分から
│        │                             時　分まで
│        ├─ 規制時間　時　分から　時　分まで ──── ※5の項目
│        └─ 警察署長の交通規制
│              ├─ 終日 ──────────────── ※5の項目
│              └─ 規制時間
│                    時　分から　時　分まで ── ※5の項目
│
└─ 法定 ── 交差点 ─────────────── ※5の項目
         ├─ 横断歩道 ─────────────── ※5の項目
         ├─ 自転車横断帯 ───────────── ※5の項目
         ├─ 踏切 ──────────────── ※5の項目
         ├─ 軌道敷内 ─────────────── ※5の項目
         ├─ 坂の頂上付近 ───────────── ※5の項目
         ├─ 勾配の急な坂 ───────────── ※5の項目
         ├─ トンネル ─────────────── ※5の項目
         ├─ 交差点の側端から　m ────────── ※5の項目
         ├─ 曲がり角から　m ──────────── ※5の項目
         ├─ 横断歩道の（前・後）側端から　m
         │                         ── ※5の項目
         └─ 自転車横断帯の（前・後）側端から　m
                                   ── ※5の項目
```

■ 放置駐車違反（駐停車禁止場所等（高齢運転者等専用場所等））（2）

```
┬─────── 安全地帯左側 ──────────── ※5の項目
├─────── 安全地帯左側部分（前・後）側端から
│           m ──────────── ※5の項目
├─────── 停留（所・場）の標示（柱・板）から m
│                                    ※5の項目
└─────── 踏切（前・後）側端から m ─── ※5の項目
```

高齢運転者等専用時間制限駐車区間で標章車以
外の車両の法定駐停車禁止場所である駐車枠内に
おける放置

```
├─────── 規制時間　時　分から　時　分まで
├─────── 交差点
├─────── 横断歩道
├─────── 自転車横断帯
├─────── 踏切
├─────── 軌道敷内
├─────── 坂の頂上付近
├─────── 勾配の急な坂
├─────── トンネル
├─────── 交差点の側端から　m
├─────── 曲がり角から　m
├─────── 横断歩道の（前・後）側端から　m
├─────── 自転車横断帯の（前・後）側端から　m
├─────── 安全地帯左側
├─────── 安全地帯左側部分（前・後）側端から　m
├─────── 停留（所・場）の標示（柱・板）から　m
└─────── 踏切（前・後）側端から　m
```

■ 放置駐車違反（駐車禁止場所等（高齢運転者等専用場所等））

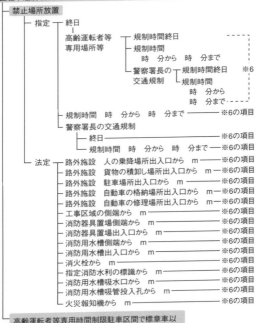

放置駐車違反（駐車禁止場所等（高齢運転者等専用場所等））

- 禁止場所放置
  - 指定 ── 終日
    - 高齢運転者等 ── 規制時間終日
    - 専用場所等 ── 規制時間
      - 時 分から 時 分まで
    - 警察署長の ── 規制時間終日　※6
    - 交通規制 ── 規制時間
      - 時 分から
      - 時 分まで
    - 規制時間 時 分から 時 分まで ──── ※6の項目
    - 警察署長の交通規制
      - 終日 ──────────── ※6の項目
      - 規制時間 時 分から 時 分まで ─ ※6の項目
  - 法定 ── 路外施設 人の乗降場所出入口から m ──── ※6の項目
    - 路外施設 貨物の積卸し場所出入口から m ── ※6の項目
    - 路外施設 駐車場所出入口から m ────── ※6の項目
    - 路外施設 自動車の格納場所出入口から m ── ※6の項目
    - 路外施設 自動車の修理場所出入口から m ── ※6の項目
    - 工事区域の側端から m ───────── ※6の項目
    - 消防器具置場側端から m ──────── ※6の項目
    - 消防器具置場出入口から m ─────── ※6の項目
    - 消防用水槽側端から m ──────── ※6の項目
    - 消防用水槽出入口から m ─────── ※6の項目
    - 消火栓から m ───────────── ※6の項目
    - 指定消防水利の標識から m ─────── ※6の項目
    - 消防用水槽吸水口から m ─────── ※6の項目
    - 消防用水槽吸管投入孔から m ───── ※6の項目
    - 火災報知機から m ───────────── ※6の項目
- 高齢運転者等専用時間制限駐車区間で標章車以
  外の車両の駐車枠内における放置
  - 規制時間 時 分から 時 分まで

5 違反確認の順番

指定放置駐停車禁止場所違反（法第44条第1項）

↓

法定放置駐停車禁止場所違反（法第44条第1項）

↓

指定放置駐車禁止場所違反（法第45条第1項）

↓

法定放置駐車禁止場所違反（法第45条第1項）

↓

無余地場所放置違反（法第45条第2項）

↓

路側帯設置場所で法定方法に従わない放置違反（法第47条第3項）

左側端に沿わない放置違反（法第47条第2項）

※　補足事項として入力する事項や現場略図の作成要領をはじめ、携帯端末による確認標章の作成・取付け方法の詳細は、各都道府県により異なりますので、実際に確認事務を行い現場で携帯端末を使用する前に、その方法をよく確認する必要があります。

6　確認の対象となる車両

車両の種類		説　明
大型自動車	大型バス	乗車定員が30人以上のもの
	大型バス(重量11t以上,定員29人以下)	車両総重量が11,000kg以上で、乗車定員が29人以下のもの
	大型貨物	(次のいずれか) ○　車両総重量が11,000kg以上のもの ○　最大積載量が6,500kg以上のもの
中型自動車	中型バス	(次のいずれか) ○　車両総重量が7,500kg以上11,000kg未満のもの ○　乗車定員が11人以上29人以下のもの
	中型貨物	(次のいずれか) ○　車両総重量が7,500kg以上11,000kg未満のもの ○　最大積載量が4,500kg以上6,500kg未満のもの
準中型自動車	準中型乗用	乗車定員が10人以下のもの (次のいずれか) ○　車両総重量が3,500kg以上7,500kg未満のもの
	準中型貨物	○　最大積載量が2,000kg以上4,500kg未満のもの
普通自動車	普通乗用	乗車定員が10人以下のもの
	普通貨物	車両総重量が3,500kg未満のもの
	三輪貨物	最大積載量が2,000kg未満のもの ただし、大特、二輪、小特、軽自動車を除く。
	軽四乗用	三輪、四輪の自動車で総排気量が660cc以下のもののうち、長さ3.4m以下、幅1.48m以下、高さ2.0m以下のもの
	軽四貨物	
	軽三貨物	

車両の種類		説明
普通自動車	ミニカー	総排気量20cc、定格出力0.25kwを超え、総排気量50cc、定格出力0.6kw以下の原動機を有する三輪以上のもので車室の側面が構造上開放されていないもの、又は輪間距離が0.5mを超えるもの
大型特殊自動車		カタピラを有する自動車、ロード・ローラ、グレーダ、スクレーパ等の特殊自動車のうち小型特殊自動車以外のもの
小型特殊自動車		特殊自動車で、車体の大きさが、長さ4.7m以下、幅1.7m以下、高さ2.0m（ヘッドガード、安全キャブ、安全フレームその他これらに類する装置が備えられている自動車で、当該装置を除いた部分の高さが2.0m以下のものにあっては、2.8m）以下に該当するもののうち、15km毎時を超える速度を出すことができない構造のもの
大型自動二輪車		総排気量400cc（又は定格出力20kW）を超えるもの（側車付を含む）
普通自動二輪車	普通二輪	総排気量250ccを超え400cc以下のもの（側車付を含む）
	軽二輪	総排気量125ccを超え250cc以下のもの（側車付を含む）
	二種原付	総排気量50ccを超え125cc以下のもの（側車付を含む）
原動機付自転車		総排気量50cc以下のもの
軽車両	重被牽引車	牽引されるための構造、装置を有する車両で、車両総重量が750kgを超えるもの（例～トレーラ）

第2章

駐停車禁止場所違反

❶ 道路交通法第44条第１項 （停車及び駐車を禁止する場所）

　車両は、道路標識等により停車及び駐車が禁止されている道路の部分及び次に掲げるその他の道路の部分(※1)においては、法令の規定若しくは警察官の命令により、又は危険を防止するため一時停止する場合のほか、停車し、又は駐車してはならない。(※2)

(1)　交差点、横断歩道、自転車横断帯、踏切、軌道敷内、坂の頂上付近、勾配の急な坂又はトンネル

(2)　交差点の側端又は道路の曲がり角から５メートル以内の部分

(3)　横断歩道又は自転車横断帯の前後の側端からそれぞれ前後に５メートル以内の部分

(4)　安全地帯が設けられている道路の当該安全地帯の左側の部分及び当該部分の前後の側端からそれぞれ前後に10メートル以内の部分

(5)　乗合自動車の停留所又はトロリーバス若しくは路面電車の停留場を表示する標示柱又は標示板が設けられている位置から10メートル以内の部分（当該停留所又は停留場に係

　る運行系統に属する乗合自動車、トロリーバス又は路面電車の運行時間中に限る。)
(6)　踏切の前後の側端からそれぞれ前後に10メートル以内の部分

Point

　駐停車禁止場所は、「道路標識等により駐停車が禁止されている道路の部分（※1）」と、「第44条第1項の各号に掲げるその他の道路の部分（※2）」に分かれており、（※1）を「指定駐停車禁止場所」、（※2）を「法定駐停車禁止場所」といいます。法定駐停車禁止場所は、「その他の道路の部分」に限られるため、交差点などであっても、道路標識などにより指定駐停車禁止場所とされている場合は、指定駐停車禁止場所違反が成立します。

　なお、歩道・路側帯と車道の区別のある道路については、車道部分のみが駐停車禁止場所となります。

② 指定駐停車禁止場所の留意点

1 規制時間（補助標識）の確認

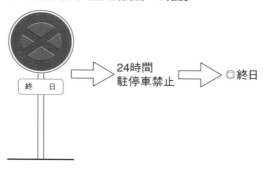

終 日　→　24時間
駐停車禁止　→　◎終日

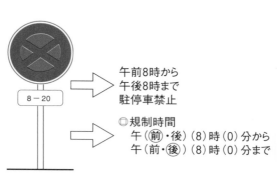

8 − 20　→　午前8時から
午後8時まで
駐停車禁止

→　◎規制時間
午（**前**・後）（8）時（0）分から
午（前・**後**）（8）時（0）分まで

2 矢印（補助標識）の確認

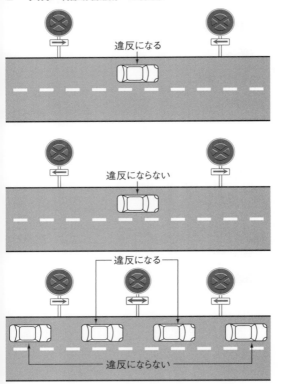

③ 法定駐停車禁止場所の態様

1 駐停車が禁止されている場所

○交差点 ○交差点の側端から5メートル以内の部分	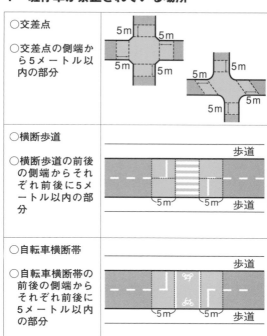
○横断歩道 ○横断歩道の前後の側端からそれぞれ前後に5メートル以内の部分	
○自転車横断帯 ○自転車横断帯の前後の側端からそれぞれ前後に5メートル以内の部分	

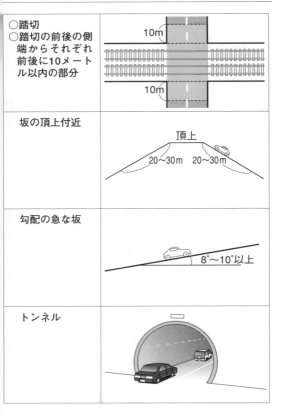

○踏切 ○踏切の前後の側端からそれぞれ前後に10メートル以内の部分	10m 10m
坂の頂上付近	頂上 20～30m　20～30m
勾配の急な坂	8°～10°以上
トンネル	

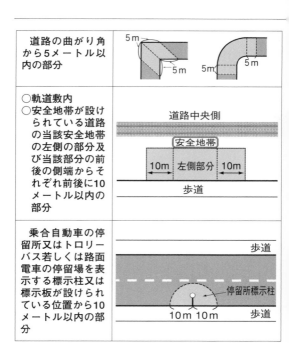

道路の曲がり角から5メートル以内の部分	5m 5m 5m 5m
○軌道敷内 ○安全地帯が設けられている道路の当該安全地帯の左側の部分及び当該部分の前後の側端からそれぞれ前後に10メートル以内の部分	道路中央側 安全地帯 10m 左側部分 10m 歩道
乗合自動車の停留所又はトロリーバス若しくは路面電車の停留場を表示する標示柱又は標示板が設けられている位置から10メートル以内の部分	歩道 停留所標示柱 10m 10m 歩道

以上が法定駐停車禁止場所になります。

2　横断歩道の見方

車両の進行方向からみて前と後が決まります。

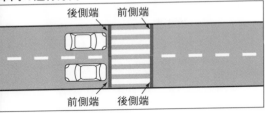

後側端　　前側端

前側端　　後側端

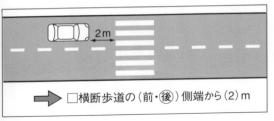

2m

➡ □横断歩道の（前・**後**）側端から（2）m

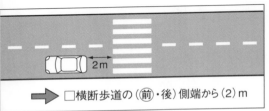

2m

➡ □横断歩道の（**前**・後）側端から（2）m

3 横断歩道における違反の態様

これは交差点違反です。

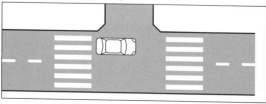

車両の向きが反対でも、横断歩道の前側端と後側端は変わりません。

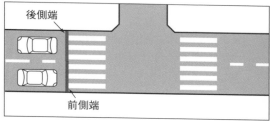

後側端

前側端

3 　法定駐停車禁止場所の態様

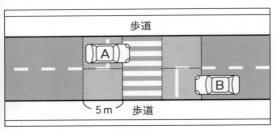

A…車体の一部が「横断歩道」に入っていれば、駐停車禁止場所違反です。

B…車体の一部が「横断歩道の前後の側端からそれぞれ前後に5メートル以内の部分」に入っていれば、Aと同じく駐停車禁止場所違反が成立します。

④ 問　　題

1　適切な違反認定は？

問1　指定駐停車禁止場所違反と法定駐停車禁止場所違反

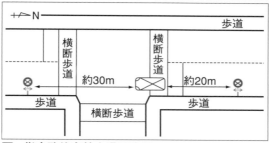

圏　指定駐停車禁止場所違反

2　適切な違反認定は？

問　指定駐停車禁止の規制がかかっていない道路

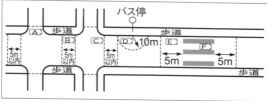

答

A、C、F	法第44条第1項第1号	法定駐停車禁止場所違反
B	法第44条第1項第2号	〃
D	法第44条第1項第5号	〃
E	法第44条第1項第3号	〃

Point

　法定駐停車禁止場所違反を認定する場合には、指定駐停車禁止の規制がかかっていないことを確認してから行ってください。

3 指定駐停車禁止の規制がかかっています。適切な違反認定は？

問 指定駐停車禁止の道路

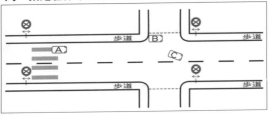

答

A〜C	法第44条第1項	指定駐停車禁止場所違反

Point

交差点、横断歩道などであっても、道路標識等により指定駐停車禁止場所とされている場合は、指定駐停車禁止違反が成立します。

4　指定駐車禁止の規制がかかっています。適切な違反認定は？

問　指定駐車禁止の道路

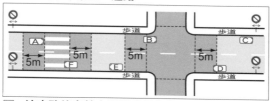

答　法定駐停車禁止場所違反を見つけてください。それ以外が指定駐車禁止場所違反となります。

A	法第44条第1項第3号	法定駐停車禁止場所違反
B・F	法第44条第1項第1号	〃
D	法第44条第1項第2号	〃
C・E	法第45条第1項	指定駐車禁止場所違反

Point

　指定駐車禁止場所違反より法定駐停車禁止場所違反が優先されます。

5 　2種類の規制がかかっています。適切な違反認定は？

問　指定駐停車禁止と指定駐車禁止の道路

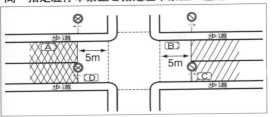

答

A	法第44条第1項	指定駐停車禁止場所違反
B・D	法第44条第1項第2号	法定駐停車禁止場所違反
C	法第45条第1項	指定駐車禁止場所違反

Point

　標識の規制がどこまで及んでいるかを把握します。

指定 **駐停車禁止場所違反（標識）**

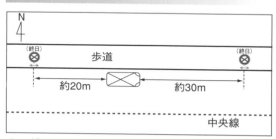

◎ **違反態様についての携帯端末入力事項**

　○ 違反種別

　　　◎放置駐車違反（駐停車禁止場所等（高齢運転者等専用場所等以外））

　　　　◎禁止場所放置

　　　　　◎指定

　○ 補足事項

　　（時間規制のない（上図の）場合）

　　◎終日

　　（時間規制のある場合）

　　□　規制時間　午（前・後）（　）時（　）分から

午(前・後)(　)時(　)分まで

◇　**確認時の留意事項**

- 　現場に明確な道路標識・道路標示があることを確認すること。
- 　規制対象（車種）、規制時間・曜日を確認すること。

（・　都道府県公安委員会規則において、駐停車禁止規制から除外する車両を指定する規定がおかれている場合は、駐停車禁止除外指定車に当たらないことを確認すること。）

- 　道路標識などから違反車両までの距離を測定し、駐車位置を特定しておくこと。

6　法定駐停車禁止場所違反

法定　駐停車禁止場所違反（交差点）

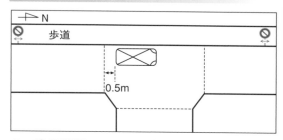

◎　違反態様についての携帯端末入力事項

○　違反種別

▢放置駐車違反（駐停車禁止場所等（高齢運転者等専用場所等以外））

▢禁止場所放置

▢法定

○　補足事項

▢交差点

◇　**確認時の留意事項**
- 　交差点内に車体の全部又は一部があることを確認すること。
- 　交差点側端から、交差点内に車両が駐車されていることを明確にするための距離を実測すること。

_{法定} 駐停車禁止場所違反（交差点）

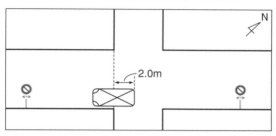

◎　違反態様についての携帯端末入力事項

　○　違反種別

　　　◻放置駐車違反（駐停車禁止場所等（高
　　　齢運転者等専用場所等以外））

　　　　◻禁止場所放置

　　　　　◻法定

　○　補足事項

　　　◻交差点

◇ **確認時の留意事項**

・ 交差点内に車体の全部又は一部があることを確認すること。

・ 交差点側端から、交差点内に車両が駐車されていることを明確にするための距離を実測すること。

Point

◇ この図は、駐車禁止の規制がかかっている道路の交差点に車体の一部が入っている駐車です。車体の全部が交差点内になくても、車体の一部が入っていれば法定駐停車禁止場所違反が成立します。

◇ 確認に当たっては、交差点にどれくらい車体が入っているのかを特定してください。

駐停車禁止場所違反
（横断歩道又は自転車横断帯）

法定

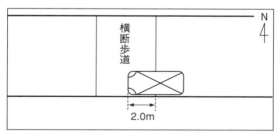

2.0m

◎　違反態様についての携帯端末入力事項

　○　違反種別

　　　◎放置駐車違反（駐停車禁止場所等（高
　　　　齢運転者等専用場所等以外））

　　　　◎禁止場所放置

　　　　　◎法定

　○　補足事項

　　　◎横断歩道

　　　（自転車横断帯の場合）

　　　□自転車横断帯

◇ **確認時の留意事項**

- 　車体の全部又は一部が横断歩道（又は自転車横断帯）上にあることを確認すること。

- 　横断歩道（又は自転車横断帯）上にかかっている車体の部分の距離を実測すること。

駐停車禁止場所違反
（交差点の側端から5メートル以内）

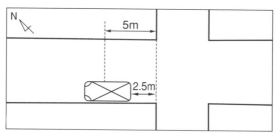

◎　違反態様についての携帯端末入力事項

　　○　違反種別

　　　　◻放置駐車違反（駐停車禁止場所等（高
　　　齢運転者等専用場所等以外））

　　　　◻禁止場所放置

　　　　　◻法定

　　○　補足事項

　　　　◻交差点の側端から（2.5）m

◇ **確認時の留意事項**

・ 交差点の側端から５メートル以内の部分
に車体の全部又は一部があることを確認す
ること。

・ 交差点の側端から車両の直近までの距離
を実測すること。

駐停車禁止場所違反
(道路の曲がり角から5メートル以内の部分)

N

2.0m

◎ **違反態様についての携帯端末入力事項**

○ 違反種別

◎放置駐車違反（駐停車禁止場所等（高
齢運転者等専用場所等以外））

◎禁止場所放置

◎法定

○ 補足事項

◎曲がり角から（2.0）m

◇ **確認時の留意事項**

- 　曲がり角から5メートル以内の部分に車体の全部又は一部があることを確認すること。

- 　曲がり角からの距離を実測すること。

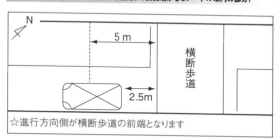

☆進行方向側が横断歩道の前端となります

◎　**違反態様についての携帯端末入力事項**

　○　違反種別

　　　◎放置駐車違反（駐停車禁止場所等（高
　　　齢運転者等専用場所等以外））

　　　　◎禁止場所放置

　　　　　◎法定

　○　補足事項

　　　◎横断歩道の（㊙・後）側端から（2.5）m

　　　（自転車横断帯の場合）

　　　□自転車横断帯の（前・後）側端から
　　　（　　）m

46

◇　**確認時の留意事項**

- 　横断歩道（又は自転車横断帯）の側端から５メートル以内の部分に車体の全部又は一部があることを確認すること。

- 　横断歩道（又は自転車横断帯）の側端から車両の直近までの距離を実測すること。

※　「前後の側端からそれぞれ前後に５メートル以内の部分」にいう前後の部分とは、車両の通行方向に向かって、横断歩道（又は自転車横断帯）の向こう側端から向こう前方が「前側端から５メートル」、手前側端から手前後方が「後側端から５メートル」の部分のことです。

駐停車禁止場所違反

(横断歩道(又は自転車横断帯)の後側端から5メートル以内の部分)

← N			
			歩道
⊠ 1.8m →	横断歩道		中央線
歩道			

◎ **違反態様についての携帯端末入力事項**

○ 違反種別

　◻放置駐車違反（駐停車禁止場所等（高齢運転者等専用場所等以外））

　　◻禁止場所放置

　　　◻法定

○ 補足事項

　◻横断歩道の（前・㊨）側端から（1.8）m

◇　**確認時の留意事項**

- 　横断歩道（又は自転車横断帯）の側端から５メートル以内の部分に車体の全部又は一部があることを確認すること。

- 　横断歩道（又は自転車横断帯）の側端から車両の直近までの距離を実測すること。

※　「前後の側端からそれぞれ前後に５メートル以内の部分」にいう前後の部分とは、車両の通行方向に向かって、横断歩道（又は自転車横断帯）の向こう側端から向こう前方が「前側端から５メートル」、手前側端から手前後方が「後側端から５メートル」の部分のことです。

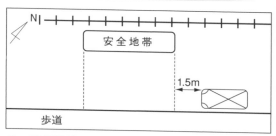

駐停車禁止場所違反

法定 （安全地帯の（左側部分又は）左側部分の前後の側端からそれぞれ前後に10メートル以内の部分）

◎ **違反態様についての携帯端末入力事項**

○ 違反種別

　　◎放置駐車違反（駐停車禁止場所等（高齢運転者等専用場所等以外））

　　　◎禁止場所放置

　　　　◎法定

○ 補足事項

　　◎安全地帯左側部分（前・㊨）側端から（1.5）m

（安全地帯の左側部分の場合）

　　□安全地帯左側

◇　**確認時の留意事項**

・　安全地帯の（左側部分又は）左側部分の
　側端からそれぞれ前後に10メートル以内の
　部分に車体の全部又は一部があることを確
　認すること。

・　安全地帯の左側部分の前後の側端から車
　両の直近までの距離を実測すること。

　※　「前後の側端からそれぞれ前後に10メートル以内
　　の部分」にいう前後の部分とは、車両の通行方向
　　に向かって、安全地帯の左側部分の向こう側端か
　　ら向こう前方が「前側端から10メートル」、手前側
　　端から手前後方が「後側端から10メートル」の部
　　分のことです。

| 法定 | **駐停車禁止場所違反** | (乗合自動車の停留所(又はトロリーバス・路面電車の停留場)を表示する標示柱(又は標示板)が設置されている位置から10メートル以内の部分) |

◎ **違反態様についての携帯端末入力事項**

　○　違反種別

　　　◎放置駐車違反（駐停車禁止場所等（高齢運転者等専用場所等以外））

　　　　◎禁止場所放置

　　　　　◎法定

　○　補足事項

　　　◎停留（所・場）の標示（柱・板）から（2.5）m

◇ 確認時の留意事項

・ 停留所（又は停留場）の標示柱（又は標示板）から10メートル以内の範囲に車体の全部又は一部があることを確認すること。

・ 停留所（又は停留場）の始発時刻、終発時刻を確認すること。

※ 停留所（又は停留場）を運行系統に含む乗合自動車などの運行時間中（停留所（又は停留場）に掲示されている始発時刻から終発時刻までの間）のみ駐停車禁止場所となります。

・ 停留所（又は停留場）の標示柱（又は標示板）から車両の直近までの距離を実測すること。

※ 令和2年6月10日公布の「道路交通法の一部を改正する法律」において、駐停車禁止場所の規制から除外する対象に、一般旅客自動車運送事業用自動車又は自家用有償旅客運送自動車が、乗客の乗降等のため停留所等における駐停車をする場合（地域住民の生活に必要な旅客輸送を確保するために有用であり、かつ、道路又は交通の状況により支障がないことについて、関係者が合意し、その旨を都道府県公安委員会が公示したものをする場合に限る。）が追加されました（令和2年12月1日施行）。

駐停車禁止場所違反

法定（踏切の前後の側端からそれぞれ前後に10メートル以内の部分）

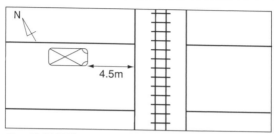

◎　**違反態様についての携帯端末入力事項**

○　違反種別

　　◎放置駐車違反（駐停車禁止場所等（高齢運転者等専用場所等以外））

　　　◎禁止場所放置

　　　　◎法定

○　補足事項

　　◎踏切（前・後）側端から（4.5）m

◇　**確認時の留意事項**

・　踏切の前後の側端からそれぞれ前後に10
　メートル以内の部分に車体の全部又は一部
　があることを確認すること。

・　踏切の前後の側端から車両の直近までの
　距離を実測すること。

※　「前後の側端からそれぞれ前後に10メートル以
　　内の部分」にいう前後の部分とは、車両の通行方
　　向に向かって、踏切の向こう側端から向こう前方
　　が「前側端から10メートル」、手前側端から手前後
　　方が「後側端から10メートル」の部分のことです。

第3章

駐車禁止場所違反

1 道路交通法第45条第1項 （駐車を禁止する場所）

　車両は、道路標識等により駐車が禁止されている道路の部分及び次に掲げるその他の道路の部分^(※1)においては、駐車してはならない。^(※2)

　ただし、公安委員会の定めるところにより警察署長の許可を受けたときは、この限りでない。

(1)　人の乗降、貨物の積卸し、駐車又は自動車の格納若しくは修理のため道路外に設けられた施設又は場所の道路に接する自動車用の出入口から3メートル以内の部分

(2)　道路工事が行なわれている場合における当該工事区域の側端から5メートル以内の部分

(3)　消防用機械器具の置場若しくは消防用防火水槽の側端又はこれらの道路に接する出入口から5メートル以内の部分

(4)　消火栓、指定消防水利の標識が設けられている位置又は消防用防火水槽の吸水口若しくは吸管投入孔から5メートル以内の部分

(5)　火災報知機から1メートル以内の部分

Point

　駐車禁止場所は、「道路標識等により駐車が禁止されている道路の部分（※1）」と、「第45条第1項の各号に掲げるその他の道路の部分（※2）」に分かれており、（※1）を「指定駐車禁止場所」、（※2）を「法定駐車禁止場所」といいます。法定駐車禁止場所は、「その他の道路の部分」に限られるため、車庫の出入口などであっても、道路標識などにより指定駐車禁止場所とされている場合は、指定駐車禁止場所違反が成立します。

　なお、歩道・路側帯と車道の区別のある道路については、車道部分のみが駐車禁止場所となります。

2 法定駐車禁止場所の態様

人の乗降、貨物の積卸し、駐車又は自動車の格納若しくは修理のため道路外に設けられた施設又は場所の道路に接する自動車用の出入口から3メートル以内の部分	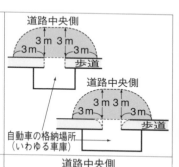 道路中央側 3m 3m 3m　　3m 歩道 道路中央側 3m 3m 3m　　3m 歩道 自動車の格納場所 （いわゆる車庫）
道路工事が行なわれている場合における当該工事区域の側端から5メートル以内の部分	 道路中央側 5m　5m 5m　　5m 工事区域 歩　道
消防用機械器具の置場若しくは消防用防火水槽の側端又はこれらの道路に接する出入口から5メートル以内の部分	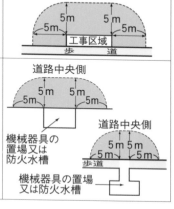 道路中央側 5m　5m 5m　　5m 機械器具の置場又は防火水槽 道路中央側 5m 5m 5m　　5m 歩道 機械器具の置場又は防火水槽

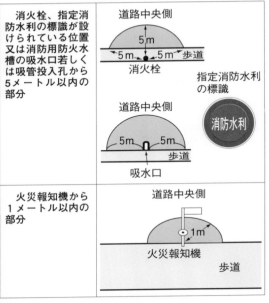

消火栓、指定消防水利の標識が設けられている位置又は消防用防火水槽の吸水口若しくは吸管投入孔から5メートル以内の部分	道路中央側 5m 5m　5m　歩道 消火栓 指定消防水利の標識 消防水利 道路中央側 5m　5m 歩道 吸水口
火災報知機から1メートル以内の部分	道路中央側 1m 火災報知機 歩道

以上が法定駐車禁止場所になります。

3 問　　題

1　適切な違反認定は？

問　指定駐車禁止場所における法定駐車禁止場所違反

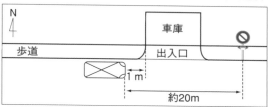

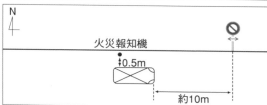

答　どちらも指定駐車禁止場所違反

Point

　法定駐車禁止場所違反は、指定駐車禁止場所違反ではないことを確認してから認定を行ってください。

2 適切な違反認定は？

問 指定駐車禁止場所における左側端に沿わない
　方法での駐車

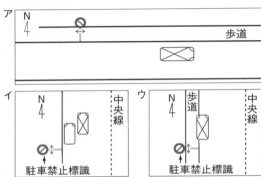

答 すべて、指定駐車禁止場所違反

Point

◇ 駐車禁止の標識は、車道しか効力が及ば
ないので、歩道、路側帯上の駐車は指定駐
車禁止場所違反になりません。

◇ したがって、指定駐車禁止場所違反の認
定は、歩道、路側帯以外の車道に駐車してい
ることを確認してから認定を行ってください。

◇　ウの図のように、指定場所禁止場所と歩
　道とにまたがって駐車しているときは、車
　体の半分以上が車道にある場合は指定駐車
　禁止場所違反を、車体の半分以上が歩道に
　ある場合は左側端に沿わない違反を、それ
　ぞれ認定します。

４　指定駐車禁止場所違反

指定　駐車禁止場所違反（標識）

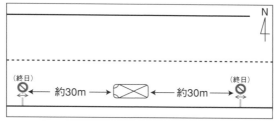

◎　違反態様についての携帯端末入力事項

　○　違反種別

　　◎放置駐車違反（駐車禁止場所等（高齢
　　　運転者等専用場所等以外））

　　　◎禁止場所放置

▣指定
○　補足事項
　　▣終日

（時間規制のある場合）
　　□規制時間　午（前・後）（　）時（　）分から
　　　　　　　　午（前・後）（　）時（　）分まで

◇　**確認時の留意事項**

・　現場に明確な道路標識・道路標示があることを確認すること。

・　規制対象（車種）、規制時間・曜日を確認すること。

・　駐車禁止除外指定車に当たらないことを確認すること。

・　道路標識などから違反車両までの距離を測定し、駐車位置を特定しておくこと。

> ### *Point*
>
> ◇　指定、法定を問わず、駐停車禁止場所違反と駐車禁止場所違反が競合する場合には、駐停車禁止場所違反を認定することが適切です。

◎　**違反態様についての携帯端末入力事項**

　○　違反種別

　　　◎放置駐車違反（駐車禁止場所等（高齢
　　　運転者等専用場所等以外））

　　　　◎禁止場所放置

　　　　　◎指定

　○　補足事項

　　　◎終日

　　（時間規制のある場合）

　　　□規制時間　午（前・後）（　）時（　）分から

　　　　　　　　　午（前・後）（　）時（　）分まで

◇ **確認時の留意事項**

・ 現場に明確な道路標識・道路標示があることを確認すること。

・ 規制対象（車種）、規制時間・曜日を確認すること。

・ 駐車禁止除外指定車に当たらないことを確認すること。

・ 道路標識などから違反車両までの距離を測定し、駐車位置を特定しておくこと。

> *Point*
>
> 図のように、指定駐車禁止場所で、車両が左側端に沿うことなく駐車している場合には、指定駐車禁止場所違反を認定します。

◎　**違反態様についての携帯端末入力事項**

　○　違反種別

　　　◎放置駐車違反（駐車禁止場所等（高齢
　　　　運転者等専用場所等以外））

　　　　◎禁止場所放置

　　　　　◎指定

　○　補足事項

　　　◎終日

　　（時間規制のある場合）

　　　□規制時間　午（前・後）（　）時（　）分から

　　　　　　　　　午（前・後）（　）時（　）分まで

◇　確認時の留意事項
- 　現場に明確な道路標識・道路標示があることを確認すること。
- 　規制対象（車種）、規制時間・曜日を確認すること。
- 　駐車禁止除外指定車に当たらないことを確認すること。
- 　道路標識などから違反車両までの距離を測定し、駐車位置を特定しておくこと。

Point

　図のように、指定駐車禁止場所で、車両が路側帯設置場所で法定方法に従うことなく駐車している場合には、指定駐車禁止場所違反を認定します。

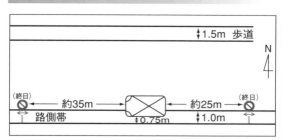

◎　**違反態様についての携帯端末入力事項**

　　○　違反種別

　　　　◎放置駐車違反（駐車禁止場所等（高齢

　　　　　運転者等専用場所等以外））

　　　　　◎禁止場所放置

　　　　　　◎指定

　　○　補足事項

　　　　◎終日

　　　（時間規制のある場合）

　　　　□規制時間　午（前・後）（　）時（　）分から

　　　　　　　　　　午（前・後）（　）時（　）分まで

◇　**確認時の留意事項**

・　現場に明確な道路標識・道路標示があることを確認すること。

・　規制対象（車種）、規制時間・曜日を確認すること。

・　駐車禁止除外指定車に当たらないことを確認すること。

・　道路標識などから違反車両までの距離を測定し、駐車位置を特定しておくこと。

Point

◇　図のように、路側帯設置場所で法定方法に従い駐車していても、指定駐車禁止場所に駐車している場合は、指定駐車禁止場所違反となります。

◇　路側帯は、歩道の設けられていない道路又は道路の歩道の設けられていない側の路端寄りに設けられます。

◇　歩道に沿って引かれている車道上の白線は外側線であり、路側帯を区画するものではありません。

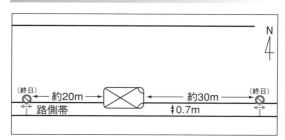

◎　**違反態様についての携帯端末入力事項**

○　違反種別

◎放置駐車違反（駐車禁止場所等（高齢運転者等専用場所等以外））

◎禁止場所放置

◎指定

○　補足事項

◎終日

（時間規制のある場合）

□規制時間　午(前・後)(　)時(　)分から

午(前・後)(　)時(　)分まで

◇　**確認時の留意事項**

- 　現場に明確な道路標識・道路標示があることを確認すること。
- 　規制対象（車種）、規制時間・曜日を確認すること。
- 　駐車禁止除外指定車に当たらないことを確認すること。
- 　道路標識などから違反車両までの距離を測定し、駐車位置を特定しておくこと。

Point

右側駐車と間違いがちです。

◎　**違反態様についての携帯端末入力事項**

　○　違反種別

　　　◎放置駐車違反（駐車禁止場所等（高齢
　　　運転者等専用場所等以外））

　　　　◎禁止場所放置

　　　　　◎指定

　○　補足事項

　　　◎終日

（時間規制のある場合）

　　□規制時間　午（前・後）（　）時（　）分から
　　　　　　　　午（前・後）（　）時（　）分まで

◇　**確認時の留意事項**

- 現場に明確な道路標識・道路標示があることを確認すること。

- 規制対象（車種）、規制時間・曜日を確認すること。

- 駐車禁止除外指定車に当たらないことを確認すること。

- 道路標識などから違反車両までの距離を測定し、駐車位置を特定しておくこと。

Point

図のように歩道がある場合には、白線は路側帯ではなく外側線となりますので、車体の全部が外側線と歩道の間に入っていても、この部分が車道に当たるため、指定駐車禁止場所違反となります。

5 法定駐車禁止場所違反

駐車禁止場所違反

法定 (路外施設(駐車場所など)出入口から3メートル以内の部分)

◎ 違反態様についての携帯端末入力事項

○ 違反種別

◎放置駐車違反（駐車禁止場所等（高齢運転者等専用場所等以外））

◎禁止場所放置

◎法定

○ 補足事項

◎路外施設　駐車場所出入口から（1.1）m

（その他の場合）

□路外施設　人の乗降場所出入口から（　）m

□路外施設　貨物の積卸し場所出入口から（　）m

    □路外施設　自動車の格納場所出入口から（　）m

    □路外施設　自動車の修理場所出入口から（　）m

◇　**確認時の留意事項**

・　路外施設の出入口であることが客観的に明確（表示があるなど）であることを確認すること。

・　路外施設出入口から3メートル以内の部分に車体の全部又は一部があることを確認すること。

・　出入口から車両の直近までの距離を実測すること。

駐車禁止場所違反

法定

駐車禁止場所違反
（工事区域の側端から5メートル以内の部分）

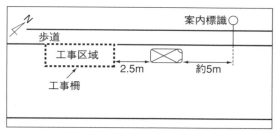

◎　**違反態様についての携帯端末入力事項**

○　違反種別

◎放置駐車違反（駐車禁止場所等（高齢運転者等専用場所等以外））

◎禁止場所放置

◎法定

○　補足事項

◎工事区域の側端から（2.5）m

◇ **確認時の留意事項**

・ 工事区域の側端から5メートル以内の部分に車体の全部又は一部があることを確認すること。

・ 工事区域の側端から車両の直近までの距離を実測すること。

・ 道路標識や電柱などから違反車両までの距離を測定し、駐車位置を特定しておくこと。

N →   中央線
- -

⬚✕⬚ ——2.2m

```
消防器具
置場
```

◎　**違反態様についての携帯端末入力事項**

　○　違反種別
　　　◎放置駐車違反（駐車禁止場所等（高齢
　　　運転者等専用場所等以外））
　　　　◎禁止場所放置
　　　　　◎法定

　○　補足事項
　　　◎消防器具置場側端から（2.2）m

　　　（その他の場合）
　　　□消防器具置場出入口から（　）m
　　　□消防用水槽側端から（　）m
　　　□消防用水槽出入口から（　）m

◇ **確認時の留意事項**

- 消防器具置場（又は消防用防火水槽）であることが客観的に明確であることを確認すること。

- 消防器具置場（又は消防用防火水槽）の側端（又は出入口）から5メートル以内の部分に車体の全部又は一部があることを確認すること。

- 消防器具置場（又は消防用防火水槽）の側端（又は出入口）から車両の直近までの距離を実測すること。

駐車禁止場所違反

法定（消火栓（又は指定消防水利の標識など）から5メートル以内の部分）

◎ **違反態様についての携帯端末入力事項**

○ 違反種別

◎放置駐車違反（駐車禁止場所等（高齢
運転者等専用場所等以外））

◎禁止場所放置

◎法定

○ 補足事項

◎消火栓から（2.5）m

（その他の場合）

□指定消防水利の標識から（　）m

□消防用水槽吸水口から（　）m

□消防用水槽吸管投入孔から（　）m

◇ **確認時の留意事項**

・ 消火栓（又は指定消防水利の標識など）であることが客観的に明確であることを確認すること。

・ 消火栓（又は指定消防水利の標識など）から5メートル以内の部分に車体の全部又は一部があることを確認すること。

・ 消火栓（又は指定消防水利の標識など）から車両の直近までの距離を実測すること。

駐車禁止場所違反
（火災報知機から1メートル以内の部分）

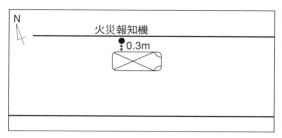

N

火災報知機

0.3m

◎　違反態様についての携帯端末入力事項

○　違反種別

　◎放置駐車違反（駐車禁止場所等（高齢
　　運転者等専用場所等以外））

　　◎禁止場所放置

　　　◎法定

○　補足事項

　◎火災報知機から（0.3）m

◇ **確認時の留意事項**

・ 火災報知機であることが客観的に明確で
あるかを確認すること。

・ 火災報知機から1メートル以内の部分に
車体の全部又は一部があることを確認する
こと。

・ 火災報知機から車両の直近までの距離を
実測すること。

第4章

無余地場所違反

1 道路交通法第45条第2項

2 　車両は、第47条第2項〔左側端に沿った駐車の方法〕又は第3項〔路側帯が設けられている場所における停車又は駐車の方法〕の規定により駐車する場合に当該車両の右側の道路上に3.5メートル（道路標識等により距離が指定されているときは、その距離）以上の余地がないこととなる場所においては、駐車してはならない。ただし、貨物の積卸しを行なう場合で運転者がその車両を離れないとき、若しくは運転者がその車両を離れたが直ちに運転に従事することができる状態にあるとき、又は傷病者の救護のためやむを得ないときは、この限りでない。

※　法第45条第3項では、公安委員会が交通が頻繁でないと認めて指定した区域においては第2項本文の規定は適用しないとしており、無余地場所駐車禁止の適用除外となります。

2　無余地とは

この場合の余地とは、単に、右側の余地という意味ではなく、

　　法第47条第2項
　　（左側端に沿った駐車方法）
　　　　同　第3項
　　（路側帯設置場所における駐車方法）

の規定に従って、正しく駐車した場合の右側の余地のことをいいます（90ページの図を参考にしてください。）。

したがって、車両が「斜め」「中央」「右側」に駐車していても、余地の長さは変わりません。

Point

無余地場所であっても、傷病者を救護するためやむを得ず病院などに搬送するための駐車は、無余地場所違反となりません。

③ 無余地の測り方

（　）内が、右側の余地部分となります。

歩車道の区別の ない道路	路　端 b　　　c b　　　b a a a (a)　(a+c)　(a-b) 路　端
歩車道の区別の ある道路	上記図面の路端を歩道の側端に 置き換えて測定する。
路側帯設置道路	路　端 ‡0.75m　　　　路側帯 b　　　b a a (a)　(a-b) 路側帯 路　端
歩行者用路側帯 設置道路	路　端 歩行者用路側帯 b　　　b a a (a)　(a-b) 歩行者用路側帯 路　端

駐停車禁止路側帯	前記図と同じ。

車道内に電柱、電話ボックス等がある場合又は先に駐車している車両がある場合	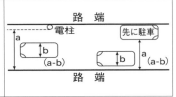

4 問 題

問 余地は何メートルですか？

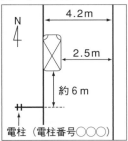

答 すべて、2.5メートル

5 指定無余地場所違反

指定　**無余地場所違反（標識）**

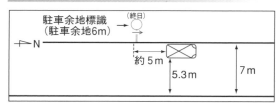

◎　**違反態様についての携帯端末入力事項**

○　違反種別

　　◎放置駐車違反（駐車禁止場所等（高齢
　　運転者等専用場所等以外））

　　　◎無余地場所放置

　　　　◎指定

○　補足事項

（時間規制のない（上図の）場合）

　　◎終日

　　　◎右側余地（6）m以上のところ（5.3）m

（時間規制のある場合）

　　□規制時間　午（前・後）（　）時（　）分から

　　　　　　　　午（前・後）（　）時（　）分まで

　　□右側余地（　）m以上のところ（　）m

◇　**確認時の留意事項**

・　現場に明確な道路標識があることを確認
すること。

・　規制対象（車種）、規制時間・曜日を確認
すること。

・　傷病者の救護のためやむを得ないときに
当たらないことを確認すること。

※　傷病者の救護のためやむを得ないときは無余地
場所違反が成立しません。

・　道路幅員、車道幅員、右側部分の余地
（車両が法第47条第2項又は第3項の規定に
より駐車する場合の右側部分の余地）など
の距離を実測し、指定された距離以上の余
地がないことを確認すること。

・　道路標識や電柱などから違反車両までの
距離を測定し、駐車位置を特定すること。

6 法定無余地場所違反

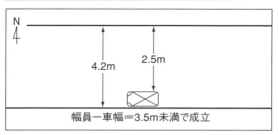

幅員－車幅＝3.5m未満で成立

◎ **違反態様についての携帯端末入力事項**

○ 違反種別

　□放置駐車違反（駐車禁止場所等（高齢
　　運転者等専用場所等以外））

　　□無余地場所放置

　　　□法定

○ 補足事項

　□駐車車両の右側部分余地（2.5）m

◇　**確認時の留意事項**

・　傷病者の救護のためやむを得ないときに当たらないことを確認すること。

　　※　傷病者の救護のためやむを得ないときは無余地場所違反が成立しません。

・　道路幅員、車道幅員、右側部分の余地（車両が法第47条第2項又は第3項の規定により駐車する場合の右側部分の余地）などの距離を実測し、3.5メートル以上の余地がないことを確認すること。

・　道路標識や電柱などから違反車両までの距離を測定し、駐車位置を特定すること。

・　公安委員会が、交通が頻繁でないと認めて指定した区域においては、無余地場所駐車禁止の適用除外となる（法第45条第3項）ので、あらかじめ、指定区域に当たらないことを確認しておくこと。

Point

◇　無余地場所違反の基本形です。右側の余地が3.5メートル未満の場合に成立します。

◇　ただし、駐車禁止の標識がある場合には、指定駐車禁止場所違反が成立します。

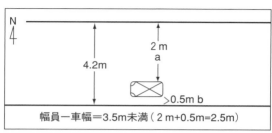

幅員ー車幅＝3.5m未満（2m+0.5m=2.5m）

◎　**違反態様についての携帯端末入力事項**

　○　違反種別

　　　◎放置駐車違反（駐車禁止場所等（高齢運転者等専用場所等以外））

　　　　◎無余地場所放置

　　　　　◎法定

　○　補足事項

　　　◎駐車車両の右側部分余地（2.5）m

◇　**確認時の留意事項**

　・　傷病者の救護のためやむを得ないときに当たらないことを確認すること。

　　※　傷病者の救護のためやむを得ないときは無余地場所違反が成立しません。

- 　道路幅員、車道幅員、右側部分の余地（車両が法第47条第2項又は第3項の規定により駐車する場合の右側部分の余地）などの距離を実測し、3.5メートル以上の余地がないことを確認すること。
- 　道路標識や電柱などから違反車両までの距離を測定し、駐車位置を特定すること。
- 　公安委員会が、交通が頻繁でないと認めて指定した区域においては、無余地場所駐車禁止の適用除外となる（法第45条第3項）ので、あらかじめ、指定区域に当たらないことを確認しておくこと。

Point

◇　aとbを足した距離が3.5メートル未満であれば、無余地場所違反が成立します。

◇　左側端に沿って駐車した場合に、右側にどれくらいの余地があるかが認定のポイントになります。

無余地場所違反

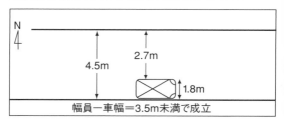

幅員ー車幅＝3.5m未満で成立

◎ **違反態様についての携帯端末入力事項**

○ 違反種別

◎放置駐車違反（駐車禁止場所等（高齢
運転者等専用場所等以外））

◎無余地場所放置

◎法定

○ 補足事項

◎駐車車両の右側部分余地（2.7）m

◇ **確認時の留意事項**

・ 傷病者の救護のためやむを得ないときに
当たらないことを確認すること。

※ 傷病者の救護のためやむを得ないときは無余地
場所違反が成立しません。

・ 道路幅員、車道幅員、右側部分の余地

（車両が法第47条第2項又は第3項の規定により駐車する場合の右側部分の余地）などの距離を実測し、3.5メートル以上の余地がないことを確認すること。

・　道路標識や電柱などから違反車両までの距離を測定し、駐車位置を特定すること。

・　公安委員会が、交通が頻繁でないと認めて指定した区域においては、無余地場所駐車禁止の適用除外となる（法第45条第3項）ので、あらかじめ、指定区域に当たらないことを確認しておくこと。

Point

◇　左側端に沿わない駐車（法第47条第2項違反）をし、かつ、右側に3.5メートル以上の余地がない（法第45条第2項違反）パターンです。

◇　左側端に沿って駐車した場合に、右側にどれくらい余地があるかを計測し、3.5メートル未満であれば無余地場所違反が成立します。

◇　駐車禁止等の規制がかかっていないことを確認した上で、無余地場所違反を認定してください。

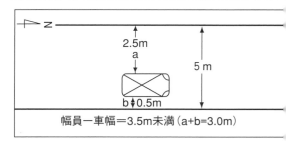

幅員ー車幅＝3.5m未満（a+b=3.0m）

◎　**違反態様についての携帯端末入力事項**

○　違反種別

　　◎放置駐車違反（駐車禁止場所等（高齢
　　　運転者等専用場所等以外））

　　　◎無余地場所放置

　　　　◎法定

○　補足事項

　　◎駐車車両の右側部分余地（3）m

◇　**確認時の留意事項**

・　傷病者の救護のためやむを得ないときに
　　当たらないことを確認すること。

※　傷病者の救護のためやむを得ないときは無余地
　　場所違反が成立しません。

- 　道路幅員、車道幅員、右側部分の余地（車両が法第47条第2項又は第3項の規定により駐車する場合の右側部分の余地）などの距離を実測し、3.5メートル以上の余地がないことを確認すること。

- 　道路標識や電柱などから違反車両までの距離を測定し、駐車位置を特定すること。

- 　公安委員会が、交通が頻繁でないと認めて指定した区域においては、無余地場所駐車禁止の適用除外となる（法第45条第3項）ので、あらかじめ、指定区域に当たらないことを確認しておくこと。

Point

◇　左側端に沿わない駐車（法第47条第2項違反）をし、かつ、右側に3.5メートル以上の余地がない（法第45条第2項違反）パターンです。

◇　左側端に沿って駐車した場合に、右側にどれくらい余地があるかを計測し、3.5メートル未満であれば無余地場所違反を、3.5メートル以上であれば左側端に沿わない駐車違反を認定します。

法定　　無余地場所違反

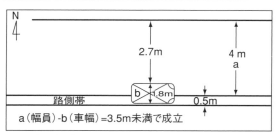

a（幅員）-b（車幅）=3.5m未満で成立

◎　**違反態様についての携帯端末入力事項**

　○　違反種別

　　　◎放置駐車違反（駐車禁止場所等（高齢
　　　運転者等専用場所等以外））

　　　　◎無余地場所放置

　　　　　◎法定

　○　補足事項

　　　◎駐車車両の右側部分余地（2.2）m

◇　**確認時の留意事項**

　・　傷病者の救護のためやむを得ないときに
　　当たらないことを確認すること。

　　※　傷病者の救護のためやむを得ないときは無余地
　　　場所違反が成立しません。

- 　道路幅員、車道幅員、右側部分の余地（車両が法第47条第2項又は第3項の規定により駐車する場合の右側部分の余地）などの距離を実測し、3.5メートル以上の余地がないことを確認すること。
- 　道路標識や電柱などから違反車両までの距離を測定し、駐車位置を特定すること。
- 　公安委員会が、交通が頻繁でないと認めて指定した区域においては、無余地場所駐車禁止の適用除外となる（法第45条第3項）ので、あらかじめ、指定区域に当たらないことを確認しておくこと。

Point

◇　左側端に沿わない駐車（法第47条第2項違反）をし、かつ、右側に3.5メートル以上の余地がない（法第45条第2項違反）パターンです。

◇　左側端に沿って駐車した場合に、右側にどれくらい余地があるかを計測し、3.5メートル未満であれば無余地場所違反を、3.5メートル以上であれば左側端に沿わない駐車違反を認定します。

第5章

左側端に沿わない違反

1 道路交通法第47条第1項・第2項

> 1 車両は、人の乗降又は貨物の積卸しのため停車するときは、できる限り道路の左側端に沿い、かつ、他の交通の妨害とならないようにしなければならない。
> 2 車両は、駐車するときは、道路の左側端に沿い、かつ、他の交通の妨害とならないようにしなければならない。

Point

左側端とは、車両の進行方向（つまり車の向き）に対して道路の左側という意味です。

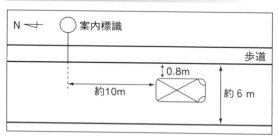

◎ **違反態様についての携帯端末入力事項**

○ 違反種別

　◎放置駐車違反（駐車禁止場所等（高齢運転者等専用場所等以外））

　◎左側端に沿わない放置

○ 補足事項

　◎左側端から（0.8）mのところ

◇ **確認時の留意事項**

・ 左側端から車両左側までの距離を実測す
ること。

・ 道路標識や電柱などから違反車両までの
距離を測定し、駐車位置を特定すること。

> *Point*
>
> ◇ 無余地場所違反が成立しない場合で、駐
> 車禁止の標識がない場合に、左側端に沿わ
> ない違反が成立します。
>
> ◇ この場合、無余地場所違反にならないこ
> と及びどれくらい左側端から離れているか
> を確認してください。

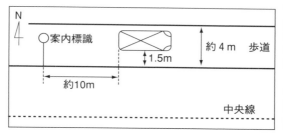

◎　**違反態様についての携帯端末入力事項**

　○　違反種別
　　　☐放置駐車違反（駐車禁止場所等（高齢
　　　　運転者等専用場所等以外））
　　　　☐左側端に沿わない放置

　○　補足事項
　　　☐歩道上

◇　**確認時の留意事項**

・　違反車両が歩道上にあることを明らかに
する距離（図参照）を実測すること。

・　道路標識や電柱などから違反車両までの
距離を測定し、駐車位置を特定すること。

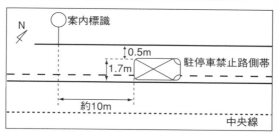

◎　**違反態様についての携帯端末入力事項**

○　違反種別

　　▢放置駐車違反（駐車禁止場所等（高齢
　　運転者等専用場所等以外））

　　　▢左側端に沿わない放置

○　補足事項

　　▢駐停車禁止路側帯上

◇　確認時の留意事項

- 違反車両が路側帯上にあることが明らかとなる距離（図参照）を実測すること。
- 道路標識や電柱などから違反車両までの距離を測定し、駐車位置を特定すること。

Point

　下図のように駐車すれば、左側端に沿わない違反は成立しませんが、駐車禁止の規制がかかっていれば、指定駐車禁止場所違反となります。

駐停車禁止路側帯

歩行者用路側帯上

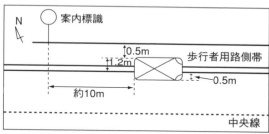

◎ **違反態様についての携帯端末入力事項**

○ 違反種別

　　▢放置駐車違反（駐車禁止場所等（高齢
　　　運転者等専用場所等以外））

　　　▢左側端に沿わない放置

○ 補足事項

　　▢歩行者用路側帯上

◇ **確認時の留意事項**

- 　違反車両が路側帯上にあることが明らかになる距離（図参照）を実測すること。
- 　道路標識や電柱などから違反車両までの距離を測定し、駐車位置を特定すること。

Point

　下図のように駐車すれば、左側端に沿わない違反は成立しませんが、駐車禁止の規制がかかっていれば、指定駐車禁止場所違反となります。

歩行者用路側帯

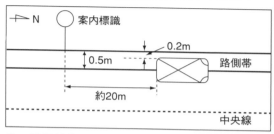

◎　**違反態様についての携帯端末入力事項**

　○　違反種別

　　　◎放置駐車違反（駐車禁止場所等（高齢
　　　運転者等専用場所等以外））

　　　◎左側端に沿わない放置

　○　補足事項

　　　◎0.75m以下の路側帯上

◇ **確認時の留意事項**

- 0.75メートル以下の路側帯であることを実測し確認すること。

- 違反車両が路側帯上にあることが明らかになる距離（図参照）を実測すること。

- 道路標識や電柱などから違反車両までの距離を測定し、駐車位置を特定すること。

Point

◇ 0.75メートル以下の路側帯に駐車することはできませんので、路側帯に沿って、下図のように駐車すれば、違反とはなりません。

0.75m以下の路側帯

◇ ただし、上図のように駐車しても、駐車禁止の規制がかかっていれば、指定駐車禁止場所違反となります。

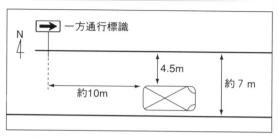

◎　**違反態様についての携帯端末入力事項**

○　違反種別

　　◎放置駐車違反（駐車禁止場所等（高齢
　　　運転者等専用場所等以外））

　　　◎左側端に沿わない放置

○　補足事項

　　◎右側駐車

◇ 確認時の留意事項

- 違反車両が右側駐車していることを明らかにする距離（図参照）を実測すること。
- 道路標識や電柱などから違反車両までの距離を測定し、駐車位置を特定すること。

Point

◇ 左側端から離れた車道の右側に駐車することを、分かりやすく表現するために「右側駐車」と呼んでいます。

◇ 一方通行の規制があっても、車両の進行方向に対する左右の概念は変わりませんので、左側端に沿わない違反になります。

◇ 仮に、逆向きに駐車した場合には、違反になりません。

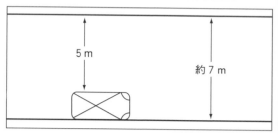

5 m

約7 m

◎　違反態様についての携帯端末入力事項

　○　違反種別

　　　◎放置駐車違反（駐車禁止場所等（高齢
　　　運転者等専用場所等以外））

　　　　◎左側端に沿わない放置

　○　補足事項

　　　◎右側駐車

◇ **確認時の留意事項**

・ 違反車両が右側駐車していることを明らかにする距離（図参照）を実測すること。

・ 道路標識や電柱などから違反車両までの距離を測定し、駐車位置を特定すること。

Point

◇ 相互通行の道路における典型的な右側駐車です。

◇ この場合、左側の余地が3.5メートル未満であれば無余地場所違反となり、駐車禁止の規制がかかっていれば指定駐車禁止場所違反となります。

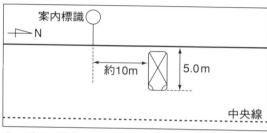

◎　**違反態様についての携帯端末入力事項**

　○　違反種別

　　　◎放置駐車違反（駐車禁止場所等（高齢
　　　運転者等専用場所等以外））

　　　　◎左側端に沿わない放置

　○　補足事項

　　　◎直角駐車

◇ **確認時の留意事項**

- 駐車状況が明らかになる距離（図参照）を実測すること。

- 道路標識や電柱などから違反車両までの距離を測定し、駐車位置を特定すること。

> *Point*
>
> ◇ 左側端に対し平行に駐車すべきところ、それ以外の方法で駐車している場合に成立します。
>
> ◇ 駐車禁止の標識又は直角駐車標識若しくは直角駐車標示がないこと及び無余地場所違反でないことを確認した上で認定を行いましょう。

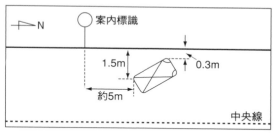

◎　**違反態様についての携帯端末入力事項**

　○　違反種別

　　　🔲放置駐車違反（駐車禁止場所等（高齢
　　　　運転者等専用場所等以外））

　　　　🔲左側端に沿わない放置

　○　補足事項

　　　🔲斜め駐車

◇ **確認時の留意事項**

- 駐車状況が明らかになる距離（図参照）を実測すること。

- 道路標識や電柱などから違反車両までの距離を測定し、駐車位置を特定すること。

Point

◇ 左側端に対し平行に駐車すべきところ、それ以外の方法で駐車している場合に成立します。

◇ 駐車禁止の標識又は斜め駐車標識若しくは斜め駐車標示がないこと及び無余地場所違反でないことを確認した上で認定を行いましょう。

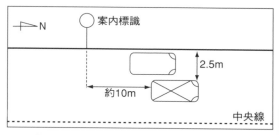

◎　**違反態様についての携帯端末入力事項**

　○　違反種別

　　　◎放置駐車違反（駐車禁止場所等（高齢
　　　　運転者等専用場所等以外））

　　　　◎左側端に沿わない放置

　○　補足事項

　　　◎二重駐車

◇ **確認時の留意事項**

・ 駐車状況が明らかになる距離（図参照）
を実測すること。

・ 道路標識や電柱などから違反車両までの
距離を測定し、駐車位置を特定すること。

> *Point*
>
> ◇ 駐車禁止の標識がないこと及び無余地場
> 所違反でないことを確認した上で認定を行
> いましょう。

第6章

路側帯設置場所で法定方法に従わない違反

1 道路交通法第47条第3項

3　車両は、車道の左側端に接して路側帯（当該路側帯における停車及び駐車を禁止することを表示する道路標示によつて区画されたもの及び政令で定めるものを除く。）が設けられている場所において、停車し、又は駐車するときは、前二項の規定にかかわらず、政令で定めるところにより、当該路側帯に入り、かつ、他の交通の妨害とならないようにしなければならない。

2 路側帯について

路側帯とは

　歩行者の通行の用に供すため、又は車道の効用を保つため、歩道の設けられていない道路又は道路の歩道の設けられていない側の路端寄りに設けられた帯状の道路の部分で、道路標示によって区画されたもの

　つまり、歩道と車道は縁石線や柵などの工作物によって分けられ、路側帯と車道は道路標示によって分けられます。

　また、道路の一方の側に歩道と路側帯の両方が設けられることはありません。歩道に沿って引かれている車道上の白線は、外側線と呼ばれるもので、路側帯を区画するものではありません。

歩道・車道・路側帯

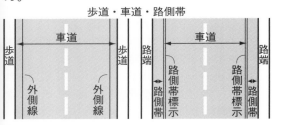

③ 路側帯の種類

路側帯	駐停車禁止路側帯	歩行者用路側帯
車　　道 路　　端	車　　道 - - - - - - - - - - 路　　端	車　　道 路　　端
路側帯の中に入って駐車できます（0.75m以下を除く）。	路側帯上の駐車及び停車が禁止されます。	路側帯上の駐車と停車及び軽車両の通行が禁止されます。

① 路側帯に対する規制の効力

　　道路交通法上、路側帯には、指定及び法定の駐車違反の効力は及びません。

② 路側帯に規制が及ばない理由

　ア　法第17条第1項において、歩道及び路側帯を「歩道等」と定義し、車道と区別しています。

　イ　そして、法第17条第4項において、道路とは「歩道等と車道の区別がある道路においては、車道」と定義しています。

　ウ　したがって、法第44条第1項等に規定されている歩道及び路側帯を除く車道の部分になるのです。

4 路側帯の設けられた道路における駐停車方法

1 路 側 帯

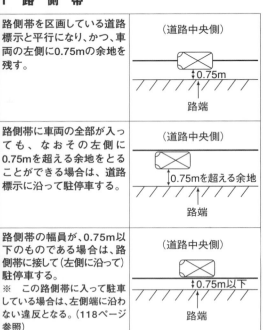

路側帯を区画している道路標示と平行になり、かつ、車両の左側に0.75mの余地を残す。	（道路中央側） ‡0.75m 路端
路側帯に車両の全部が入っても、なおその左側に0.75mを超える余地をとることができる場合は、道路標示に沿って駐停車する。	（道路中央側） 0.75mを超える余地 路端
路側帯の幅員が、0.75m以下のものである場合は、路側帯に接して（左側に沿って）駐停車する。 ※　この路側帯に入って駐車している場合は、左側端に沿わない違反となる。（118ページ参照）	（道路中央側） ‡0.75m以下 路端

2　駐停車禁止路側帯

路側帯に接して（車道中央寄りの路側帯標示線に沿って）駐停車する。 ※　この路側帯に入って駐車している場合は、左側端に沿わない違反となる。（114ページ参照）	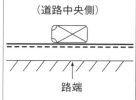 （道路中央側） 路端

3　歩行者用路側帯

前記（駐停車禁止路側帯）の場合に同じ。 ※　この路側帯に入って駐車している場合は、左側端に沿わない違反となる。（116ページ参照）	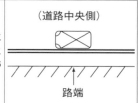 （道路中央側） 路端

Point

◇　路側帯が設置されている場合には、このように駐車しなければ違法となります。

◇　逆に言えば、ほかの駐車違反にならない限り、このように駐車すれば違反とはなりません。

5 問 題

1 適切な違反認定は？

問 進行方向に向かって反対側の路側帯に駐車しています。何違反になりますか？

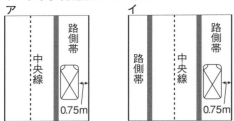

答 アは、左側端に沿わない違反、イは、路側帯設置場所で法定方法に従わない違反になります。

Point

駐車を認める路側帯とは、車道の左側の路側帯であるから、上図のような駐車をした場合には、違反となります。

問　進行方向左側の路側帯に駐車しています

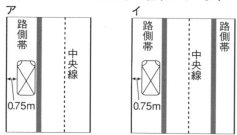

ア

路側帯

中央線

0.75m

イ

路側帯

中央線

路側帯

0.75m

答　どちらも、違反にはなりません。

2 どれが合法駐車ですか？

問 0.75m未満の路側帯がある道路

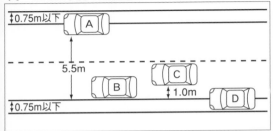

图 **B車が違反になりません。**

車両	駐車禁止標識・標示なし ※	駐車禁止標識・標示あり
A	左側端に沿わない放置 （右側駐車）	禁止場所放置（指定）
B	合法駐車	禁止場所放置（指定）
C	左側端に沿わない放置 （左側端から1.0mのところ）	禁止場所放置（指定）
D	左側端に沿わない放置 （0.75m以下の路側帯上）	禁止場所放置（指定）

※ 車道の幅員によっては、無余地場所違反が成立します。

3 どれが合法駐車ですか？

問　0.75mを超える路側帯がある道路

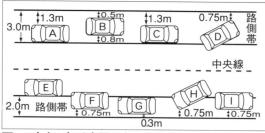

📝　C車とF車が違反になりません。

車両	駐車禁止標識・標示なし	駐車禁止標識・標示あり
A	路側帯設置場所で法定方法に従わない放置（路側帯に入らない）	左に同じ ※
B	路側帯設置場所で法定方法に従わない放置（左側に0.75mを超える余地がとれるときに路側帯の右側端に沿わない）	左に同じ ※
C	合法駐車	左に同じ ※
D	路側帯設置場所で法定方法に従わない放置（路側帯標示に平行しない）	車体の半分以上が車道にある場合：禁止場所放置（指定）それ以外の場合：左に同じ
E	路側帯設置場所で法定方法に従わない放置（路側帯に入らない）	禁止場所放置（指定）
F	合法駐車	禁止場所放置（指定）
G	路側帯設置場所で法定方法に従わない放置（左側に0.75mの余地がない）	左に同じ ※
H	路側帯設置場所で法定方法に従わない放置（路側帯標示に平行しない）	車体の半分以上が車道にある場合：禁止場所放置（指定）それ以外の場合：左に同じ
I	路側帯設置場所で法定方法に従わない放置（路側帯に入らない）	左に同じ（車体の半分以上が路側帯上にあるため）

※ 路側帯と車道の区別のある道路については、車道部分のみが道路標識・道路標示による駐車禁止場所となることから、A車などについては、指定駐車禁止場所違反が成立しません。

4 どれが合法駐車ですか？

問 一方通行の片側に路側帯がある道路

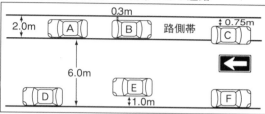

答 C車とD車が違反になりません。

車両	駐車禁止標識・標示なし	駐車禁止標識・標示あり
A	左側端に沿わない放置（右側駐車）	左に同じ ※
B	路側帯設置場所で法定方法に従わない放置（左側に0.75mの余地がない）	左に同じ ※
C	合法駐車	禁止場所放置（指定）
D	合法駐車	禁止場所放置（指定）
E	左側端に沿わない放置（左側端から1.0mのところ）	禁止場所放置（指定）
F	路側帯設置場所で法定方法に従わない放置（路側帯に入らない）	禁止場所放置（指定）

※ 路側帯と車道の区別のある道路については、車道部分のみが道路標識・道路標示による駐車禁止場所となることから、A車などについては、指定駐車禁止場所違反が成立しません。

Point

　一方通行路であっても、道路のあらゆる車両について左側・右側の概念が一方通行の方向に統一されるものではありません。

　B車、C車、F車のように進行方向と逆の向きに駐車したとしても、（駐車車両の進行方向の）左側端に接して幅員0.75メートルを超える路側帯が設けられていることから、その駐車方法は法第47条第3項に従うこととなります。

5 どれが合法駐車ですか？

問　一方通行の両側に路側帯がある道路

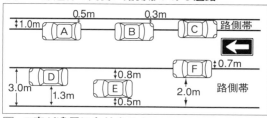

答　D車が違反になりません。

車両	駐車禁止標識・表示なし	駐車禁止標識・表示あり
A	路側帯設置場所で法定方法に従わない放置（路側帯に入らない）	車体の半分以上が車道にある場合:禁止場所放置(指定)それ以外の場合:左に同じ
B	路側帯設置場所で法定方法に従わない放置（左側に0.75mの余地がない）	車体の半分以上が車道にある場合:禁止場所放置(指定)それ以外の場合:左に同じ
C	路側帯設置場所で法定方法に従わない駐車（左側に0.75mの余地がない）	車体の半分以上が車道にある場合:禁止場所放置(指定)それ以外の場合:左に同じ
D	合法駐車	左に同じ　※
E	路側帯設置場所で法定方法に従わない放置（左側に0.75mを超える余地がとれるときに路側帯の右側端に沿わない）	左に同じ　※

F	路側帯設置場所で法定方法に従わない放置（左側に0.75mを超える余地がとれるときに路側帯の右側端に沿わない）	車体の半分以上が車道にある場合：禁止場所放置（指定）それ以外の場合：左に同じ

※ 路側帯と車道の区別のある道路については、車道部分のみが道路標識・道路標示による駐車禁止場所となることから、D車などについては、指定駐車禁止場所違反が成立しません。

Point

◇ 路側帯のある道路では、道路標識、道路標示による駐車禁止の効力は、車道のみにかかり路側帯内には及びません。

6 どれが合法駐車ですか?

問 駐停車禁止路側帯、歩行者用路側帯がある道路

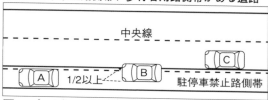

答 C車が違反になりません。

車両	駐車禁止標識・標示なし	駐車禁止標識・標示あり
A	左側端に沿わない放置 (駐停車禁止路側帯上)	左に同じ ※
B	左側端に沿わない放置 (駐停車禁止路側帯上)	左に同じ ※
C	合法駐車	禁止場所放置(指定)

※ 路側帯と車道の区別のある道路については、車道部分のみが道路
標識・道路標示による駐車禁止場所となることから、A車などについ
ては、指定駐車禁止場所違反が成立しません。

Point

　道路標識の効力は、路側帯内には及ばないので、図の道路が、指定の駐車禁止等であったとしても、A車は指定違反にはならないので、左側端に沿わない違反で認定することになります。

6 路側帯設置場所で法定方法に従わない違反

| 法定 | **路側帯に入らない** |

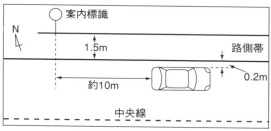

◎ **違反態様についての携帯端末入力事項**

○ 違反種別

◎放置駐車違反（駐車禁止場所等（高齢運転者等専用場所等以外））

◎路側帯設置場所で法定方法に従わない放置

○ 補足事項

◎路側帯に入らない

◇ 確認時の留意事項

・ 0.75メートルを超える路側帯であること
を実測し確認すること。

> ※ 路側帯設置場所での法定方法に従わない違反が
> 成立するのは路側帯（駐停車禁止路側帯及び歩行
> 者用路側帯以外の路側帯で、その幅員が0.75メー
> トルを超えるものに限る。）が違反車両の左側に
> ある場合のみです。

・ 路側帯に入っていないことを明らかにす
る距離（図参照）を実測すること。

・ 道路標識や電柱などから違反車両までの
距離を測定し、駐車位置を特定すること。

Point

0.75メートルを超える路側帯の場合、下図
のように駐車すべきところ、図のように路側
帯に入らない場合には、路側帯設置場所で法
定方法に従わない違反が成立します。

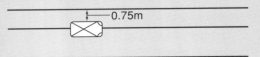

路側帯標示に平行しない

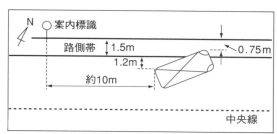

◎ **違反態様についての携帯端末入力事項**

○ 違反種別

⬚放置駐車違反（駐車禁止場所等（高齢
運転者等専用場所等以外））

⬚路側帯設置場所で法定方法に従わな
い放置

○ 補足事項

⬚路側帯標示に平行しない

◇ **確認時の留意事項**

・ 0.75メートルを超える路側帯であること
を実測し確認すること。

※ 路側帯設置場所での法定方法に従わない違反が

成立するのは路側帯（駐停車禁止路側帯及び歩行者用路側帯以外の路側帯で、その幅員が0.75メートルを超えるものに限る。）が違反車両の左側にある場合のみです。

- 路側帯標示に平行しないことを明らかにする距離（図参照）を実測すること。
- 道路標識や電柱などから違反車両までの距離を測定し、駐車位置を特定すること。

Point

◇ 0.75メートルを超える路側帯設置場所において、下図のように駐車すべきところ、平行に駐車しない場合には、路側帯設置場所で法定方法に従わない違反となります。

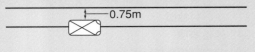

法定 左側に0.75メートルの余地がない

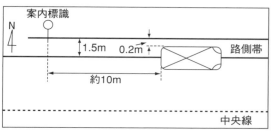

◎ 違反態様についての携帯端末入力事項

○ 違反種別

◎放置駐車違反（駐車禁止場所等（高齢運転者等専用場所等以外））

◎路側帯設置場所で法定方法に従わない放置

○ 補足事項

◎左側に0.75mの余地がない

◇　確認時の留意事項

・　0.75メートルを超える路側帯であること
を実測し確認すること。

> ※　路側帯設置場所での法定方法に従わない違反が
> 成立するのは路側帯（駐停車禁止路側帯及び歩行
> 者用路側帯以外の路側帯で、その幅員が0.75メー
> トルを超えるものに限る。）が違反車両の左側に
> ある場合のみです。

・　違反車両の左側の余地を明らかにする距
離（図参照）を実測すること。

・　道路標識や電柱などから違反車両までの
距離を測定し、駐車位置を特定すること。

Point

◇　0.75メートルを超える路側帯に入って駐
車する場合には、車体を道路と平行にし、
左側に歩行者の通行の用に供するため0.75
メートルの余地をとらなければいけませ
ん。

◇　図のように、左側の余地が0.75メートル
未満の場合には、路側帯設置場所で法定方
法に従わない違反が成立します。

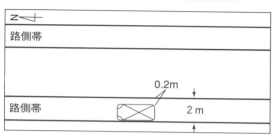

◎ **違反態様についての携帯端末入力事項**

○ 違反種別

◎放置駐車違反（駐車禁止場所等（高齢
運転者等専用場所等以外））

◎路側帯設置場所で法定方法に従わな
い放置

○ 補足事項

◎左側に0.75mの余地がない

◇ **確認時の留意事項**

・　0.75メートルを超える路側帯であること
を実測し確認すること。

　※　路側帯設置場所での法定方法に従わない違反が
成立するのは路側帯（駐停車禁止路側帯及び歩行
者用路側帯以外の路側帯で、その幅員が0.75メー
トルを超えるものに限る。）が違反車両の左側に
ある場合のみです。

・　違反車両の左側の余地を明らかにする距
離（図参照）を実測すること。

・　道路標識や電柱などから違反車両までの
距離を測定し、駐車位置を特定すること。

Point

◇　0.75メートルを超える路側帯に入って駐
車する場合には、車体を道路と平行にし、
左側に歩行者の通行の用に供するため0.75
メートルの余地をとらなければいけませ
ん。

◇　図のように、左側の余地が0.75メートル
未満の場合には、路側帯設置場所で法定方
法に従わない違反が成立します。

法定 左側に0.75メートルの余地がない

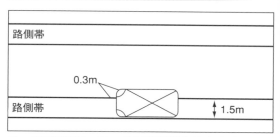

◎　違反態様についての携帯端末入力事項

　○　違反種別

　　　◎放置駐車違反（駐車禁止場所等（高齢
　　　　運転者等専用場所等以外））

　　　　◎路側帯設置場所で法定方法に従わな
　　　　　い放置

　○　補足事項

　　　◎左側に0.75mの余地がない

◇ **確認時の留意事項**

・ 0.75メートルを超える路側帯であること
を実測し確認すること。

> ※ 路側帯設置場所で法定方法に従わない違反が成
> 立するのは路側帯（駐停車禁止路側帯及び歩行者
> 用路側帯以外の路側帯で、その幅員が0.75メート
> ルを超えるものに限る。）が違反車両の左側にあ
> る場合のみです。

・ 違反車両の左側の余地を明らかにする距
離（図参照）を実測すること。

・ 道路標識や電柱などから違反車両までの
距離を測定し、駐車位置を特定すること。

Point

◇ 0.75メートルを超える路側帯に駐車する
場合には、左側に0.75メートルの余地をと
らなければいけません。

◇ 図のように、左側の余地が0.75メートル
未満の場合には、路側帯設置場所で法定方
法に従わない違反が成立します。

法定 左側に0.75メートルを超える余地がとれるときに路側帯の右側端に沿わない

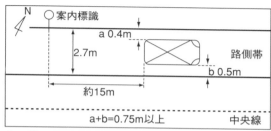

◎ **違反態様についての携帯端末入力事項**

○ 違反種別

◎放置駐車違反（駐車禁止場所等（高齢運転者等専用場所等以外））

◎路側帯設置場所で法定方法に従わない放置

○ 補足事項

◎左側に0.75mを超える余地がとれるときに路側帯の右側端に沿わない

◇ **確認時の留意事項**

・ 0.75メートルを超える路側帯であることを実測し確認すること。

※ 路側帯設置場所での法定方法に従わない違反が

成立するのは路側帯（駐停車禁止路側帯及び歩行者用路側帯以外の路側帯で、その幅員が0.75メートルを超えるものに限る。）が違反車両の左側にある場合のみです。

- 左側の余地及び路側帯の右側端に沿っていないことを明らかにする距離（図参照）を実測すること。
- 道路標識や電柱などから違反車両までの距離を測定し、駐車位置を特定すること。

Point

◇ この場合には、

0.75m以上

路側帯

このように駐車すべきところ、路側帯に入って路側帯の右側端に沿わないため、路側帯設置場所で法定方法に従わない違反が成立します。

◇ 路側帯に入り右側端に沿っても、左側に0.75メートルの余地がとれることを確認してください。

法定 左側に0.75メートルを超える余地が とれるときに路側帯の右側端に沿わない

```
←/─N    ↕2.6m                          路側帯


- - - - - - - - - - - - - - - - - - - - - - - 中央線

1.8m ↕ ⊠────── 約20m ──────
                              電柱
歩道        ↕0.5m           （電柱番号○○○）
```

◎　**違反態様についての携帯端末入力事項**

　○　違反種別

　　　▢放置駐車違反（駐車禁止場所等（高齢
　　　運転者等専用場所等以外））

　　　　▢路側帯設置場所で法定方法に従わな
　　　　い放置

　○　補足事項

　　　▢左側に0.75mを超える余地がとれるとき
　　　に路側帯の右側端に沿わない

◇ **確認時の留意事項**

・ 0.75メートルを超える路側帯であること
を実測し確認すること。

※ 路側帯設置場所で法定方法に従わない違反が成
立するのは路側帯（駐停車禁止路側帯及び歩行者
用路側帯以外の路側帯で、その幅員が0.75メート
ルを超えるものに限る。）が違反車両の左側にあ
る場合のみです。

・ 左側の余地及び路側帯の右側端に沿って
いないことを明らかにする距離（図参照）
を実測すること。

・ 道路標識や電柱などから違反車両までの
距離を測定し、駐車位置を特定すること。

> ## *Point*
>
> ◇ 本来駐車すべき左側の路側帯に入ってい
> ないため、路側帯設置場所で法定方法に従
> わない違反が成立します。

第7章

時間制限駐車区間での違反

1 時間制限駐車区間とは

　時間制限駐車区間とは、時間を限って同一の車両が引き続き駐車することができる道路の区間であることが道路標識等により指定されている道路の区間のことであり（法第49条第1項）、公安委員会では、時間制限駐車区間について、パーキング・メーターやパーキング・チケット発給設備を設置管理しています。

　時間制限駐車区間には、一般の時間制限駐車区間と高齢運転者等専用時間制限駐車区間とがあります。

　高齢運転者等専用時間制限駐車区間とは、時間制限駐車区間を、時間を限って同一の標章車に限り引き続き駐車できる区間として指定したもので、標章車以外の車両は、駐車することができません。高齢運転者等専用時間制限駐車区間の道路標識及び補助標識は次のようなものです。

❷ 放置駐車違反（駐停車禁止場所等（高齢運転者等専用場所等以外））

時間制限駐車区間で指定部分に従わないで駐車枠外である交差点等における放置

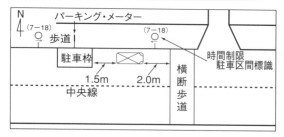

◎ **違反態様についての携帯端末入力事項**
- ○ 違反種別
  - ◎放置駐車違反（駐停車禁止場所等（高齢運転者等専用場所等以外））
    - ◎時間制限駐車区間で指定部分に従わないで駐車枠外である交差点等における放置
- ○ 補足事項
  - ◎規制時間　午（㊤・後）(7)時(0)分から

午（前・後）（6）時（0）分まで
◎横断歩道の（前・後）側端から（2.0）m
（その他の場合）
☐交差点
☐横断歩道
☐交差点の側端から（　）m
☐自転車横断帯の（前・後）側端から（　）m

等

◇　**確認時の留意事項**

- 現場に明確な道路標識・道路標示があることを確認すること。

- 規制対象（車種）、規制時間・曜日を確認すること。

  ※　規制時間外の場合は、他の違反に当たるかどうかを確認します。

- 駐車枠外の交差点等（法定駐停車禁止場所）に車体の全部又は一部があることを確認すること。

- 駐車枠外であること、交差点等（法定駐停車禁止場所）であることを明確にするための距離を実測すること。

- 道路標識などから違反車両までの距離を測定し、駐車位置を特定しておくこと。

高齢運転者等専用時間制限駐車区間で標章車が駐車枠外の法定駐停車禁止場所に放置

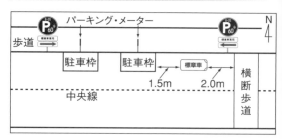

◎ **違反態様についての携帯端末入力事項**

○ 違反種別

◎放置駐車違反（駐停車禁止場所等（高齢運転者等専用場所等以外））

◎時間制限駐車区間で指定部分に従わないで駐車枠外である交差点等における放置

○ 補足事項

（図の場合）

◎規制時間　午(⑩・後)(8)時(0)分から

午(前・⑱)(8)時(0)分まで

◎横断歩道の(前・⑱)側端から(2.0)m

◎標章車専用

（図以外の場合）
　　□交差点
　　□横断歩道
　　□自転車横断帯
　　□交差点の側端から（　　）m
　　□まがりかどから（　　）m
　　□自転車横断帯の（前・後）側端から（　　）m
　　　　　　　　　　　　　　　　　　　　　　　　　など

◇　**確認時の留意事項**
・　現場に明確な道路標識・道路標示があることを確認すること。
・　高齢運転者等専用時間制限駐車区間であることを確認すること。
・　規制時間を確認すること。
・　高齢運転者等標章（専用場所駐車標章。以下同じ。）の掲示がされていることを確認すること。
・　駐車枠外であること、交差点等（法定駐停車禁止場所）であることを確認すること。
・　道路標識などから違反車両までの距離を測定し、駐車位置を特定しておくこと。

高齢運転者等専用時間制限駐車区間で標章車以外の車両が駐車枠外の法定駐停車禁止場所に放置

◎　違反態様についての携帯端末入力事項

　　○　違反種別

　　　　🔲放置駐車違反（駐停車禁止場所等（高

　　　　　齢運転者等専用場所等以外））

　　　　　🔲高齢運転者等専用時間制限駐車区間

　　　　　　で標章車以外の車両の駐車枠外であ

　　　　　　る交差点等における放置

　　○　補足事項

　　　　（図の場合）

　　　　🔲規制時間　午（前・後）（8）時（0）分から

　　　　　　　　　　午（前・後）（8）時（0）分まで

　　　　　🔲横断歩道の（前・後）側端から（2.0）ｍ

　　　　　　🔲標章車専用

（図以外の場合）
□交差点
□横断歩道
□交差点の側端から（　）m
□その他（違反態様を入力）

◇　**確認時の留意事項**

・　現場に明確な道路標識・道路標示があることを確認すること。

・　高齢運転者等専用時間制限駐車区間であることを確認すること。

・　規制時間を確認すること。

・　高齢運転者等標章の掲示がされていないことを確認すること。

・　駐車枠外であること、交差点等（法定駐停車禁止場所）であることを確認すること。

・　道路標識などから違反車両までの距離を測定し、駐車位置を特定しておくこと。

3 放置駐車違反（駐車禁止場所等（高齢運転者等専用場所等以外））

指定	時間制限駐車区間で 指定方法に従わない放置

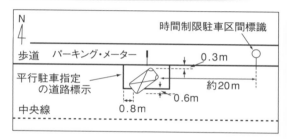

◎ **違反態様についての携帯端末入力事項**
- ○ 違反種別
  - ◎放置駐車違反（駐車禁止場所等（高齢運転者等専用場所等以外））
    - ◎時間制限駐車区間で指定方法に従わない放置
- ○ 補足事項
  - ◎規制時間　午（前・後）（△）時（△）分から
    午（前・後）（△）時（△）分まで

◎平行と指定のところ平行駐車しない
　（図以外の場合）
□直角と指定のところ直角駐車しない
□斜角と指定のところ斜角駐車しない

◇　確認時の留意事項

・　現場に明確な道路標識・道路標示があることを確認すること。

・　規制対象（車種）、規制時間・曜日を確認すること。

　※　規制時間外の場合は、他の違反に当たるかどうかを確認します。

・　指定された方法で駐車していないことを明確にするための距離（図参照）を実測すること。

・　道路標識などから違反車両までの距離を測定すること。

Point

◇　時間制限駐車区間で指定部分に従わないで、駐車枠外である交差点等に駐車した場合には、法第49条の3第3項違反が成立します。

高齢運転者等専用時間制限駐車区間で標章車が駐車枠外に放置

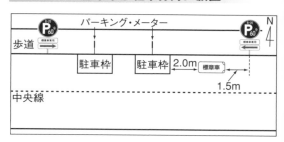

◎　**違反態様についての携帯端末入力事項**

　○　違反種別
　　　☐放置駐車違反（駐車禁止場所等（高齢運転者等専用場所等以外））
　　　　☐時間制限駐車区間で指定部分に従わない放置

　○　補足事項
　　　（図の場合）
　　　☐規制時間　午（前・後）（8）時（0）分から
　　　　　　　　　午（前・後）（8）時（0）分まで
　　　☐駐車枠内と指定のところ駐車枠内駐車しない
　　　☐標章車専用

◇ 確認時の留意事項

- 現場に明確な道路標識・道路標示があることを確認すること。
- 高齢運転者等専用時間制限駐車区間であることを確認すること。
- 規制時間を確認すること。
- 高齢運転者等標章の掲示がされていることを確認すること。
- 駐車枠外であることを確認すること。
- 道路標識などから違反車両までの距離を測定し、駐車位置を特定しておくこと。

高齢運転者等専用時間制限駐車区間で標章車以外の車両が駐車枠外に放置

◎ **違反態様についての携帯端末入力事項**

○ 違反種別

　▢放置駐車違反（駐車禁止場所等（高齢運転者等専用場所等以外））

　　▢高齢運転者等専用時間制限駐車区間で標章車以外の車両の駐車枠外における放置

○ 補足事項

（図の場合）

　▢規制時間　午（前・後）（8）時（0）分から
　　　　　　　午（前・後）（8）時（0）分まで

　▢標章車専用

◇ **確認時の留意事項**

- 現場に明確な道路標識・道路標示があることを確認すること。
- 高齢運転者等専用時間制限駐車区間であることを確認すること。
- 規制時間を確認すること。
- 高齢運転者等標章の掲示がされていないことを確認すること。
- 駐車枠外であることを確認すること。
- 道路標識などから違反車両までの距離を測定し、駐車位置を特定しておくこと。

４ 駐停車違反（駐車禁止場所等（高齢運転者等専用場所等以外））

時間制限駐車区間で時間超過

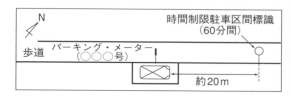

◎ **違反態様についての携帯端末入力事項**
   ○ 違反種別
      ▢駐停車違反（駐車禁止場所等（高齢運転者等専用場所等以外））
      ▢時間制限駐車区間で時間超過
         （△）時（△）分間超過
         （△）時（△）分間のところ
         （△）時（△）分間
   ○ 補足事項
      ▢規制時間　午（前・後）（△）時（△）分から
      　　　　　　午（前・後）（△）時（△）分まで

178

（図の場合）

◎パーキング・メーター車両感知時刻

（△）時（△）分

（パーキング・チケットの場合）

□パーキング・チケット発給時刻

（　）時（　）分

（高齢運転者等専用時間制限駐車区間
　で標章車の場合、

□標章車専用
　を加える。）

◇　確認時の留意事項

・　現場に明確な道路標識・道路標示がある
　ことを確認すること。

・　規制対象（車種）、規制時間・曜日、駐車
　可能時間を確認すること。

　※　規制時間外の場合は、他の違反に当たるか
　　どうかを確認します。

・　パーキング・メーターの番号及び車両感
　知時刻（又はパーキング・チケット発給時
　刻）を確認すること。

　※　車両感知時刻は、パーキング・メーターの
　　表示時間から計算します。例えば、午後2時
　　35分にパーキング・メーターが「85分」と表
　　示している場合、車両感知時刻は午後1時10
　　分です。

- 　道路標識などから違反車両までの距離を測定すること。
- 　高齢運転者等専用時間制限駐車区間の場合、高齢運転者等標章の掲示がされていることを確認すること。

4 駐停車違反（駐車禁止場所等（高齢運転者等専用場所等以外））

指定 時間制限駐車区間で駐車したが、パーキング・チケットの発給を直ちに受けない、又は発給を直ちに受けたが前面の見やすい箇所に掲示しない

◎ **違反態様についての携帯端末入力事項**

※ **発給を受けたが掲示しない場合**

○ 違反種別

　◎駐停車違反（駐車禁止場所等（高齢運転者等専用場所等以外））

　　◎時間制限駐車区間で駐車し、パーキング・チケット発給を直ちに受けたが、前面の見やすい箇所に掲示しない

○ 補足事項

　◎規制時間　午（前・後）（△）時（△）分から

　　　　　　　午（前・後）（△）時（△）分まで

　◎不掲示確認時刻

　　　午（前・後）（△）時（△）分

　◎全く掲示していない

□前面ガラスの内側に掲示していない

□発給時刻等が前方から見やすいように掲示していない

（高齢運転者等専用時間制限駐車区間で標章車の場合、

□標章車専用

を加える。）

◇　確認時の留意事項

・　現場に明確な道路標識・道路標示があることを確認すること。

・　規制対象（車種）、規制時間・曜日、駐車可能時間を確認すること。

　※　規制時間外の場合は、他の違反に当たるかどうかを確認します。

・　前面の見やすい箇所に掲示されていないことを確認すること。

・　道路標識などから違反車両までの距離を測定すること。

・　高齢運転者等専用時間制限駐車区間の場合、高齢運転者等標章の掲示がされていることを確認すること。

第8章

高齢運転者等専用場所等での違反

1 道路交通法第45条の2(高齢運転者等標章自動車の停車又は駐車の特例)

　次の各号のいずれかに該当する者（以下この項及び次項において「高齢運転者等」という。）が運転する普通自動車（当該高齢運転者等が内閣府令で定めるところによりその者の住所地を管轄する公安委員会に届出をしたものに限る。）であつて、当該高齢運転者等が同項の規定により交付を受けた高齢運転者等標章をその停車又は駐車をしている間前面の見やすい箇所に掲示したもの（以下「高齢運転者等標章自動車」という。）は、第44条第1項の規定による停車及び駐車を禁止する道路の部分又は前条第1項の規定による駐車を禁止する道路の部分の全部又は一部について、道路標識等により停車又は駐車をすることができることとされているときは、これらの規定にかかわらず、停車し、又は駐車することができる。

（1）　第71条の5第3項に規定する普通自動

車対応免許（以下この条において単に「普通自動車対応免許」という。）を受けた者で70歳以上のもの

(2) 第71条の6第2項又は第3項に規定する者

(3) 前2号に掲げるもののほか、普通自動車対応免許を受けた者で、妊娠その他の事由により身体の機能に制限があることからその者の運転する普通自動車が停車又は駐車をすることができる場所について特に配慮する必要があるものとして政令で定めるもの

2 公安委員会は、高齢運転者等に対し、その申請により、その者が前項の届出に係る普通自動車の運転をする高齢運転者等であることを示す高齢運転者等標章を交付するものとする。

3 高齢運転者等標章の交付を受けた者は、当該高齢運転者等標章を亡失し、滅失し、汚損し、又は破損したときは、その者の住所地を管轄する公安委員会に高齢運転者等標章の再交付を申請することができる。

4　高齢運転者等標章の交付を受けた者は、普通自動車対応免許が取り消され、又は失効したとき、第1項第3号に規定する事由がなくなつたときその他内閣府令で定める事由が生じたときは、速やかに、当該高齢運転者等標章をその者の住所地を管轄する公安委員会に返納しなければならない。

5　前3項に定めるもののほか、高齢運転者等標章について必要な事項は、内閣府令で定める。

Point

　高齢運転者等が運転する普通自動車であって、高齢運転者等標章を前面の見やすい箇所に掲示したものは、法第44条第1項の駐停車禁止場所及び法第45条第1項の駐車禁止場所であっても、道路標識等により停車又は駐車をすることができるとされているときは、停車又は駐車をすることができます（法第45条の2）。

　このような場所を表示する道路標識は次のようなものです。

高齢運転者等標章自動車　　　高齢運転者等標章自動車
　　　停車可標識　　　　　　　　駐車可標識

指定　　　　　**禁止場所放置**

◎　**違反態様についての携帯端末入力事項**
　○　違反種別
　　◎放置駐車違反（駐停車禁止場所等（高齢運転者等専用場所等））
　　　◎禁止場所放置
　　　　◎指定
　○　補足事項
　　（図の場合）
　　◎終日
　　　◎高齢運転者等専用場所等
　　　　規制時間　午（前・後）（8）時（0）分から
　　　　　　　　　午（前・後）（8）時（0）分まで
　　　◎標章車専用

◇ **確認時の留意事項**

・ 現場に明確な道路標識・道路標示があることを確認すること。

・ 高齢運転者等専用場所であることを確認すること。

・ 規制時間を確認すること（駐停車禁止の規制時間及び高齢運転者等専用場所等の規制時間を明記すること。）。

・ 高齢運転者等標章の掲示がされていないことを確認すること。

・ 道路標識などから違反車両までの距離を測定し、駐車位置を特定しておくこと。

禁止場所放置

◎ **違反態様についての携帯端末入力事項**

○ 違反種別

　□放置駐車違反（駐停車禁止場所等（高齢運転者等専用場所等））

　　□禁止場所放置

　　　□法定

○ 補足事項

　□高齢運転者等専用場所等

　　規制時間　午（前・後）（　）時（　）分から

　　　　　　　午（前・後）（　）時（　）分まで

　□交差点

　□交差点の側端から（　）m

　□横断歩道

　□横断歩道の（前・後）側端から（　）m

　□その他（違反態様を入力）

　　□標章車専用

高齢運転者等専用時間制限駐車区間で標章車以外の車両が法定駐停車禁止場所である駐車枠内に放置

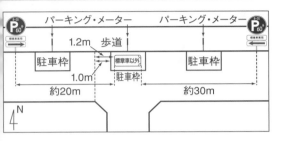

◎ **違反態様についての携帯端末入力事項**

○ 違反種別

◻放置駐車違反（駐停車禁止場所等（高齢運転者等専用場所等））

◻高齢運転者等専用時間制限駐車区間で標章車以外の車両の法定駐停車禁止場所である駐車枠内における放置

○ 補足事項

（図の場合）

◻規制時間　午（前・後）（8）時（0）分から
午（前・後）（8）時（0）分まで

◻交差点

◻標章車専用

（図以外の場合）

□交差点の側端から（　）m

□横断歩道の（前・後）側端から（　）m

□曲がり角から（　）m

□停留（所・場）の標示（柱・板）から（　）
　m

□その他（違反態様を入力）

◇　確認時の留意事項

・　現場に明確な道路標識・道路標示がある
ことを確認すること。

・　高齢運転者等専用時間制限駐車区間であ
ることを確認すること。

・　規制時間を確認すること。

・　高齢運転者等標章の掲示がされていない
ことを確認すること。

・　交差点等（法定駐停車禁止場所）である
ことを確認すること

・　駐車枠内であることを確認すること。

・　道路標識などから違反車両までの距離を
測定し、駐車位置を特定しておくこと。

3 放置駐車違反（駐車禁止場所等（高齢運転者等専用場所等））

指定　　　　**禁止場所放置**

◎　**違反態様についての携帯端末入力事項**

○　違反種別

◻放置駐車違反（駐車禁止場所等（高齢
運転者等専用場所等））

◻禁止場所放置

◻指定

○　補足事項

（駐車禁止に時間規制のない図の場合）

◻終日

◻高齢運転者等専用場所等
規制時間　午（(前)・後)（8）時（0）分から

第8章　高齢運転者等専用場所等での違反 ● *193*

午(前・後)(8)時(0)分まで

◎標章車専用

(駐車禁止に時間規制のある場合)

□規制時間　午(前・後)(　)時(　)分から

　　　　　　午(前・後)(　)時(　)分まで

□高齢運転者等専用場所等

　規制時間　午(前・後)(　)時(　)分から

　　　　　　午(前・後)(　)時(　)分まで

　□標章車専用

◇　**確認時の留意事項**

・　現場に明確な道路標識・道路標示があることを確認すること。

・　高齢運転者等専用場所等であることを確認すること。

・　規制時間を確認すること（駐車禁止の規制時間及び高齢運転者等専用場所等の規制時間を明記すること。）。

・　高齢運転者等標章の掲示がされていないことを確認すること。

・　道路標識などから違反車両までの距離を測定し、駐車位置を特定しておくこと。

3 放置駐車違反(駐車禁止場所等(高齢運転者等専用場所等))

指定 駐車枠が設置され、「枠内に限る」旨の補助標識が附置されている場合

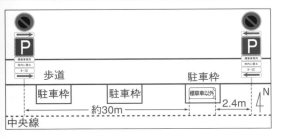

◎ **違反態様についての携帯端末入力事項**

○ 違反種別
　☐放置駐車違反（駐車禁止場所等（高齢運転者等専用場所等））
　　☐禁止場所放置
　　　☐指定

○ 補足事項
（図の場合）
　☐終日
　　☐高齢運転者等専用場所等
　　　規制時間　午(前・後)(8)時(0)分から
　　　　　　　　午(前・後)(8)時(0)分まで
　　☐標章車専用

◇ **確認時の留意事項**

・ 現場に明確な道路標識・道路標示があることを確認すること。

- ・　高齢運転者等専用場所であることを確認すること。
- ・　規制時間を確認すること（駐車禁止の規制時間及び高齢運転者等専用場所等の規制時間を明記すること。）。
- ・　高齢運転者等標章の掲示がされていないことを確認すること。
- ・　駐車枠内であることを明確にするための距離を実測すること。
- ・　道路標識などから違反車両までの距離を測定し、駐車位置を特定しておくこと。

法定　駐車枠が設置され、「枠内に限る」旨の補助標識が附置されている場合

◎　違反態様についての携帯端末入力事項
　　○　違反種別
　　　　□放置駐車違反（駐車禁止場所等（高齢運転者等専用場所等））
　　　　　□禁止場所放置
　　　　　　□法定
　　○　補足事項
　　　　□高齢運転者等専用場所等
　　　　　規制時間　午（前・後）（　）時（　）分から
　　　　　　　　　　午（前・後）（　）時（　）分まで
　　　　□消火栓から（　）m
　　　　□路外施設　駐車場所出入口から（　）m
　　　　□その他（違反態様を入力）
　　　　　□標章車専用

高齢運転者等専用時間制限駐車区間で 標章車以外の車両が駐車枠内に放置

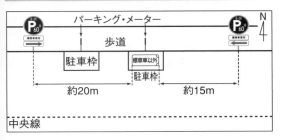

◎ **違反態様についての携帯端末入力事項**

○ 違反種別
　　◎放置駐車違反（駐車禁止場所等（高齢
　　運転者等専用場所等））
　　　◎高齢運転者等専用時間制限駐車区間
　　　で標章車以外の車両の駐車枠内にお
　　　ける放置

○ 補足事項
　（図の場合）
　　◎規制時間　午（前・後）（8）時（0）分から
　　　　　　　　午（前・後）（8）時（0）分まで
　　◎標章車専用

◇ **確認時の留意事項**
- 現場に明確な道路標識・道路標示があることを確認すること。
- 高齢運転者等専用時間制限駐車区間であることを確認すること。
- 規制時間を確認すること。
- 高齢運転者等標章の掲示がされていないことを確認すること。
- 駐車枠内であることを確認すること。
- 道路標識などから違反車両までの距離を測定し、駐車位置を特定しておくこと。

改訂版

携帯用 確認の手引き

平成18年4月25日　初　版　発　行　定価(本体1,600円＋税)
平成22年5月20日　改訂版発行
令和6年3月1日　改訂版15刷発行

著　者　駐車監視員能力向上委員会
発行者　星　沢　卓　也
発行所　東京法令出版株式会社

112-0002	東京都文京区小石川5丁目17番3号	03(5803)3304
534-0024	大阪市都島区東野田町1丁目17番12号	06(6355)5226
062-0902	札幌市豊平区豊平2条5丁目1番27号	011(822)8811
980-0012	仙台市青葉区錦町1丁目1番10号	022(216)5871
460-0003	名古屋市中区錦1丁目6番34号	052(218)5552
730-0005	広島市中区西白島町11番9号	082(212)0888
810-0011	福岡市中央区高砂2丁目13番22号	092(533)1588
380-8688	長野市南千歳町1005番地	

[営業] TEL 026(224)5411　FAX 026(224)5419
[編集] TEL 026(224)5412　FAX 026(224)5439
https://www.tokyo-horei.co.jp/

ISBN978-4-8090-1473-4　C3032　¥1600E